A RIQUEZA DA VIDA

memórias de um banqueiro boêmio

Armando Conde

A RIQUEZA DA VIDA
memórias de um banqueiro boêmio

EDITORA RECORD
RIO DE JANEIRO • SÃO PAULO

2006

CIP-BRASIL. CATALOGAÇÃO-NA-FONTE
SINDICATO NACIONAL DOS EDITORES DE LIVROS, RJ.

C749r Conde, Armando
A riqueza da vida: memórias de um banqueiro boêmio / Armando Conde. – Rio de Janeiro: Record, 2006.

ISBN 85-01-076627

1. Conde, Armando. 2. Banqueiros – Brasil – Biografia. I. Título.

06-3912
CDD – 869.98
CDU – 821.134.3(81)-94

Copyright © Armando Conde, 2006
Foto do encarte: arquivo pessoal do autor

Todos os direitos reservados. Proibida a reprodução, armazenamento ou transmissão de partes deste livro, através de quaisquer meios, sem prévia autorização por escrito.

Direitos desta edição adquiridos pela
EDITORA RECORD LTDA.
Rua Argentina 171 – 20921-380 – Rio de Janeiro, RJ – Tel.: 2585-2000

Impresso no Brasil

ISBN 85-01-07662-7

PEDIDOS PELO REEMBOLSO POSTAL
Caixa Postal 23.052
Rio de Janeiro, RJ – 20922-970

Dedico este livro à minha família e a todos os personagens que deram mais riqueza à minha vida. Bem como a todos aqueles que, ajudando a relembrar fatos, colaboraram para escrever nossas histórias.

Agradeço a Thales Guaracy, que me ajudou, como ele mesmo diz, a colocar este livro "em pé".

Sumário

1. Idéias exóticas — 11
2. Os italianos de Trecchina — 17
3. As razões da boemia — 31
4. As artes do banqueiro — 39
5. Um príncipe chamado Zeca — 47
6. O gosto da caçada — 53
7. A *dolce vita* — 65
8. Como Linda e Armando se tornaram cinco — 71
9. O malandro que não deu certo — 77
10. Um pequeno grande lugar — 87
11. O triunvirato — 95
12. A selva para administrar — 107
13. Tentativa e erro — 119
14. O país da burrice dispensável — 131
15. O mais carioca dos italianos — 139
16. O mais carioca dos italianos, parte 2 (apêndice) — 151
17. Doidos brasileiros — 159
18. As grandes idéias — 171
19. Os cães e os negócios — 177

20. De volta à África	185
21. O elefante grande	193
22. Novos negócios (que ninguém queria)	203
23. Arroz com camarão	213
24. Nasce um país	223
25. A função social dos bancos	231
26. A caçada civilizada	239
27. O Instituto Brasil Verdade	249
28. A *dolce vita* (2)	257

1 Idéias exóticas

Existe uma arte já meio esquecida, mas que sempre pratiquei e continuo praticando: a de conversar. Nos meus bate-papos, meus amigos viviam dizendo que eu devia colocar minhas histórias em livro: a vida de banqueiro, minhas caçadas na África, os negócios em que me meti, os personagens pitorescos que conheci, as aventuras de alguém que gosta de aproveitar a vida com o que ela tem de melhor. Muitos amigos ainda não tiveram contadas suas próprias histórias, verdadeiros monumentos. Não são apenas banqueiros e empresários, mas gente que como o Zequinha Marques da Costa, o Lan, o Julinho Parente, o Flávio Coelho, o Zé do Pé, de quem me aproximei devido à vida boêmia. Uma gente que, apesar de não ter muito dinheiro, ou de tê-lo gasto bem além do último centavo, não deixou de ser maravilhosa e extraordinária.

Talvez pela natureza da atividade, banqueiros formam uma categoria pequena em número e de comportamento bastante reservado. São poucos os que falam sobre si mesmos, seus negócios e o que acontece por trás dos cofres onde garantem seu belíssimo sustento. Todos acham que banqueiros ganham rios de dinheiro, o que é verdade, mas poucos sabem sobre os tombos que levam. Sempre fui um banqueiro meio diferente. Primeiro porque nunca tive esses pruridos. Falo, digo o que penso e nunca me fechei em copas. O meu pendor para a boemia me tirou desse círculo engessado; é uma diversão e ao mesmo tempo sempre me deu boas idéias. A boemia é a massagem do cérebro.

Pode um banqueiro ser boêmio, e um boêmio ser banqueiro? Acho que pode. Eu, pelo menos, pude. A razão é que nunca misturei os ministérios. Banco não vende uísque e boate não desconta cheque. Nunca fui banqueiro fora do banco, nem boêmio no escritório. Não se pode deixar a boemia interferir nos negócios, nem na vida pessoal. Nunca emprestei dinheiro numa mesa de boteco. Por nunca ter ostentado dinheiro nos lugares onde sempre andei, nos quais sempre fui igual a todo mundo, já de chamaram até de "o banqueiro mais pobre do Brasil".

Banqueiro não precisa ter cara de múmia. Fui um banqueiro tão diferente que resolvi largar a vida de banqueiro. Em 1989, quando decidi sair do Banco de Crédito Nacional, o BCN, do qual participava como sócio, decidi me dedicar somente a atividades produtivas. Dentro do banco, e depois fora dele, fui pioneiro em tanta coisa que muita gente nem imagina, da criação de gado na Amazônia às fazendas de camarão. Ganhei dinheiro, e perdi bastante. Costumam dizer que tenho grandes idéias. E que meu único erro é tê-las vinte anos antes de poderem acontecer. Por isso, afirmo com orgulho que também patrocinei grandes fracassos.

Não me arrependo de nada. Ser diferente, me relacionar com gente diferente, também é o que me faz inovar nos negócios, colocando acima de tudo o espírito da pesquisa. Isso implica uma certa maneira de ver o dinheiro, segundo a qual ele deve servir para bons propósitos, ou para ajudar alguém, não como um fim em si, o que às vezes parece contrariar algumas regras do próprio negócio do dinheiro. A minha maneira de ver o governo e o mundo, e a franqueza para dizer o que penso, é resultado desse mesmo espírito livre que preserva algum idealismo.

Por isso, sempre fui visto como uma espécie de *enfant terrible* no meu próprio meio. Lázaro de Melo Brandão, que conheci muito antes de se tornar o comandante do Bradesco, maior banco privado do Brasil, costuma dizer que eu tenho idéias "exóticas". O problema é que não me conformo com as coisas que estão erradas. E, algo que me fez tanto bem quanto mal, sou bastante teimoso.

O que faz você sair da mesmice é o desafio. Já fiz muita coisa, mas isso não pára. Mesmo depois de passar da casa dos setenta anos, pretendo fazer muito mais. A idade cronológica não importa. Eu sou boêmio, mas levo a saúde com uma seriedade e disciplina tremendas. Cometo meus abusos, mas faço também meus exames rotineiros. Não deixo os cuidados com o corpo para o dia seguinte. Isso deve ser vontade de viver. Só me aborreço muito, porque o mundo está burro. Este planeta está obcecado pela vida virtual, que consiste em você ficar rico, rico, rico e depois não ter tempo para gastar o dinheiro, ou viver como um pobrediabo, por causa do medo de perder o que ganhou. Os negócios se tornaram muito mais jogo do que outra coisa. Como um jogo não tem muita base em coisas concretas, e sim mais na sorte, realmente é tão fácil perder quanto ganhar dinheiro.

Muitos deram risada quando saí do banco, por ter dito que iria me dedicar a "ativos palpáveis". Eu não quis me dedicar a investimento que fosse preponderantemente jogatina. No meu entender, a Bolsa de Valores se tornou um jogo como qualquer outro que se encontra nos cassinos, mesmo considerando-se que antes de comprar uma ação o "investidor" recebe um monte de informações. Em um negócio produtivo, você pode planejar, pesquisar e, mesmo assim, depende do comprador do seu produto; não deixa também de ser um jogo, só que num cenário de probabilidades bem menos traumáticas do que as apostas feitas no segmento financeiro. Quem está nesse mercado pode dizer o que quiser em contrário: como se pode chamar de investimento um negócio no qual, depois de três dias de valorização, você retira o dinheiro com medo da queda? É melhor jogar na roleta: depois de dar dois pretos você muda, porque se supõe, pela estatística, que só pode dar vermelho.

Os jovens financistas, que aprendem tanta matemática, querem criar programas para ganhar dinheiro certo na bolsa, da mesma forma que tentaram os vencedores do prêmio Nobel de Economia em 1997 — um senhor chamado Robert Merton, da Universidade de Harvard, e dr. Myron Scholes, de Stanford. Inventaram modelos infalíveis para ganhar dinheiro no mercado de derivativos e provocaram uma catástrofe coletiva, com prejuízos de 92 bilhões de dólares, a ponto do Federal Reserve Board, o banco central americano, vir em socorro do mercado, para que bancos não fossem tragados no episódio. Não há prêmio Nobel que esteja completamente blindado diante dos perigos inerentes ao procedimento humano. E no "cassino", quando dá pânico, dá pânico.

O resultado dessa sanha cega pelo dinheiro é que se perdeu o sentido da vida. Vejo isso na minha própria família. Meu sobrinho-neto, Tonico, Antonio Grisi Neto, aos 28 anos, em janeiro de 2004, resolveu deixar seu excelente emprego como vice-presidente do banco americano J.P. Morgan no Brasil porque estava "estressado". Veja só: aos 28 anos, estressado. Para resolver o problema, ofereceram-lhe um salário maior e seis meses de férias para continuar "trabalhando". Mesmo com tanto incentivo para pensar melhor, ele recusou.

Hoje em dia todo mundo parece mesmo estressado. Levei meu médico, dr. Humberto Pierre, um craque da geriatria ligado ao Incor, do Hospital das Clínicas e do Sírio Libanês, em São

Paulo, para examinar os velhinhos da cidade de Santa Terezinha e os índios carajás, que vivem numa aldeia próxima da Codeara, minha fazenda no Mato Grosso. Dr. Pierre mediu os triglicerídios dos índios, tomou-lhes a pressão, verificou o colesterol e concluiu que eles — até eles — estavam estressados. "A culpa é da Rede Globo", eu lhe disse. Só pode ser. Lá na aldeia tem uma placa solar que dá energia para uma televisão, onde eles assistem a jogos de futebol e, de vez em quando, ao *Jornal Nacional*.

A obsessão virtual subverteu também valores que eram muito válidos. Cuspiram em todas as instituições. Com a invasão do Iraque pelos Estados Unidos, contra as recomendações da Organização das Nações Unidas, essa instituição se desmoralizou. Acabou no nascedouro a importante idéia da criação de um tribunal internacional. O próprio sistema bancário, em que trabalhei 35 anos, se distanciou do aspecto principal de sua existência. Os banqueiros deixaram de ser banqueiros, pelo simples fato de que não emprestam mais como nós emprestávamos, a não ser ao governo. Ganham fortunas em cima da grande massa do povo brasileiro, sem muito trabalho. No nosso país, as taxas de juro são abusivas e ninguém faz nada a esse respeito. Enquanto isso, o volume de empréstimos em relação ao Produto Interno Bruto não chega a 27%, enquanto na Alemanha, na Itália e nos Estados Unidos, onde o PIB é de mais de 10 trilhões de dólares, a taxa é de mais de 100%. Os *spreads* dos bancos brasileiros são muito maiores que em outros países.

Ainda querem que eu ache isso direito? Por isso já tomei uma decisão. Quero ir para a Toscana, com uma criada surda, muda e tímida. Na Toscana, você entra no barbeiro e pode conversar com ele durante horas, como nos tempos em que as pessoas prezavam o velho papo. Ainda há civilização por lá.

Antes disso, quero contar umas histórias, que talvez hoje pareçam um pouco românticas. Diziam do primeiro-ministro britânico Winston Churchill, no seu tempo, que o seu maior defeito era ser romântico. Defeito? Para mim, ele ganhou a Segunda Grande Guerra por ser romântico. Você tem direito a dúvidas, mas eu não tenho dúvida alguma disso.

Essa é a minha contribuição a dar. Para mudar esse mundo, ou para ter um estilo de vida em que se aproveita realmente a existência humana, não é preciso ser rico. Ter novas idéias a partir de uma experiência inspiradora só depende de você. Abrir uma garrafa de champanhe que custa 500 dólares ou uma lata de cerveja pode ser a mesma coisa. Não importa o preço da garrafa, o que interessa é o espírito com que se vive. Eu tenho o direito de dizer isso porque conheço as duas coisas. E nunca coloquei o dinheiro à frente do que fiz. Mais uma vez, você pode duvidar. Estas histórias falam por si mesmas. Cada um que tire as conclusões que achar que deve tirar.

2 Os italianos de Trecchina

Sou o nono filho de um casal vindo de uma aldeia chamada Trecchina, na província de Potenza, que junto com a Calábria e a Sicília forma o sul da Itália. O lugar mais conhecido da região é Marateia, abaixo da costa amalfitana. Meu pai, Francisco, o velho Chico, nasceu em 1882. De família pobre, veio para o Brasil pela primeira vez com o pai dele, meu avô, em 1896. Daqui voltou para a Itália, onde se casou com minha mãe, Rosalia Ianinni.

Os Conde eram gente semi-alfabetizada, de temperamento ardido, tanto que a família de minha mãe não gostou do casamento. A própria Rosalia, figura notável, já com muito mais idade, dizia ter sido um milagre administrar sete italianos furiosos, referindo-se ao marido e seus filhos homens. Fez isso muito bem: dentro de casa, esses sete "filhos italianos" nunca levantaram a voz um para o outro. Vivíamos num ambiente onde imperava o maior respeito.

Na Itália nasceu Teresa, minha irmã mais velha, casada mais tarde com o Antonio Grisi, também de Trecchina, que falava pouquíssimo português. O único daquela geração que não tinha sotaque italiano era o meu pai: ele se dedicava um bocado e,

• 17 •

quando resolvia aprender alguma coisa, o fazia direito. Casado, o velho Chico voltou para o Brasil e foi para Barretos, no interior de São Paulo, onde montou seu primeiro negócio: uma tropa de burros. Aproveitava suas viagens para vender mercadorias nas fazendas por onde passava. Em Barretos nasceu seu primeiro filho homem, Pedro, que teria morte trágica: aos 13 anos de idade, seria asfixiado por um botão de colarinho. Era aluno interno no Colégio de São Bento, em São Paulo. Falava com minha mãe, que estava em Barretos, ao telefone, quando o botão fechou sua traquéia.

Como muitos imigrantes, meu pai progrediu aos poucos. Mais tarde, quando já proprietário de uma casa com 54 cômodos na avenida Paulista, onde estavam os palácios construídos naquela era próspera de São Paulo, assim que alguém reclamava da comida ele contava que, nos seus tempos de tropeiro, comia feijão carunchado e dormia usando as botas como travesseiro. Com o dinheiro ganho com o trabalho feito com a tropa, meu pai conseguiu montar em Barretos uma loja de ferragens, a Casa Conde. Dona Rosalia dizia ter criado os filhos em caixas de sapato. Passava as roupas do marido até 11 horas da noite e acordava às cinco da manhã, para ajudá-lo a cuidar dos filhos e um pouco da loja. Um tipo de comportamento que, infelizmente, não existe mais.

A loja de ferragens foi bem o suficiente para que meu pai pudesse se juntar ao velho Gregório Paes de Almeida, pai do Sebastião, que foi ministro da Fazenda de Juscelino Kubitschek, na segunda metade da década de 1950. Fizeram então a casa bancária Conde & Almeida, com a qual se estabeleceram em São Paulo, na rua Boa Vista.

Em São Paulo, Chico Conde levou a família para morar primeiro na rua Cincinato Braga. Com a crise de 1929, que trouxe a depressão mundial, meu pai comprou a casa da avenida Paulista

A RIQUEZA DA VIDA

1.125 do fazendeiro Antonio Lebre, que estava quebrado com a queda dos preços do café, então o principal produto de exportação de São Paulo e do Brasil.

Nasci em 1932, já na casa da Paulista, depois de uma longa fila. Sendo o último, fui o único filho nascido em São Paulo. Pela ordem, depois de Teresa e do primeiro Pedro, havia o primeiro Arlindo, que morreu de meningite, Aléssio, vinte anos mais velho que eu, e o segundo Arlindo, que foi médico, o primeiro a trazer para o Brasil o eletroencefalógrafo. Seguiu-se Mário, que era epilético, Catarina, e o segundo Pedro. Eu devia ter sido neto do meu pai, porque quando nasci o velho Chico tinha 50 anos de idade e minha mãe outro tanto: ninguém sabia ao certo a idade dela, porque por vaidade dela sumiço nos seus documentos. Devo a vida a um certo acaso, pois meus pais já até moravam em quartos separados. Talvez, naquela noite, tenham deixado de ir ao cinema...

O parteiro foi Grisi, meu cunhado, que era médico, e também meu padrinho — eu só o chamava assim. Devido à diferença de idade, vim ao mundo já tio de duas filhas da minha irmã Teresa, Michelina e Rosalia, uma com cinco, outra com três anos. Como filho temporão, sempre fui muito sozinho. Pedro, meu irmão mais próximo, era dez anos mais velho que eu. Os outros estavam mais longe ainda. Minha mãe, que vinha de uma cidade italiana pequena, não me deixava sair na rua. Por isso, fui criado em casa, e de certa forma dentro da Itália. Júlio Renato Parente, um biruta maravilhoso, cujo irmão, Francisco Parente, chegou a ser presidente do Colégio Dante Alighieri, dizia que gato que nasce no forno não é biscoito. Era o caso dele e o meu.

O macarrão na casa da minha mãe começava a ser feito às 5:30 da manhã, quando se punha o molho para ferver na panela. Em casa nunca entrou uma lata, a não ser a de azeite. Tudo o mais se preparava lá dentro. Todos os macarrões, menos o espaguete, eram feitos em casa. A comida era feita no fogão a lenha. E o molho era "o" molho. No quintal havia horta, galinheiro. Eu ia comer cenoura e salsão no canteiro. E se utilizava a banha de porco para cozinhar. Eu ia segunda-feira ao mercado municipal com minha mãe, onde ela comprava os ingredientes básicos, como toucinho, e enchia latas de banha de porco.

Com 5 mil metros quadrados, o terreno de casa ia da avenida Paulista até a alameda Santos. Dava para fazer tudo lá dentro. Tinha um portão suntuoso, bonito, feito no Liceu de Artes e Ofícios, em cujo gradil havia ramos de café. Da rua enxergava-se o pórtico inteiro, abrindo-se em arco, com uma entrada menor no meio. Do lado direito, o gradil ia até o muro do vizinho, do esquerdo a um balaústre (pequeno terraço elevado na divisa da avenida Paulista), onde eu, quando pequeno, via os coches de carnaval, conversíveis enfeitados que desfilavam na avenida.

Dos lados da casa, havia duas alas de jabuticabeiras preciosíssimas, que davam umas frutas enormes, deliciosas. A da esquerda era por onde os carros entravam. Podia-se parar na porta para as pessoas descerem, quando havia alguma cerimônia, ou se ia para os fundos da casa, onde havia uma segunda construção, uma espécie de edícula com quatro garagens, mais uma meia dúzia de cômodos em cima, onde moravam com suas famílias o jardineiro, o motorista e outros empregados. A outra ala de jabuticabeiras, do lado direito, tinha um caramanchão da Maria Antonieta. E dava na estufa, onde minha mãe cultivava plantas.

Com um telhado de cornijas pintadas, a casa possuía um terraço na frente, com uma escadaria em L. As quatro portas do terraço, duas de entrada, mais duas portas laterais, davam para a sala de visita. Lá dentro, todas as salas eram pintadas com desenhos e pinturas a pó de ouro, cópia de obras italianas e francesas; as paredes, algumas revestidas de seda, eram como painéis; as cornijas de gesso eram pintadas a ouro e as cortinas, bordadas. Aquela ala social era mobiliada com cadeiras *bombay*, de tecidos bordados com figuras da Europa antiga, em estilo meio rococó. Meu pai tinha adoração pelos trabalhos do Liceu de Artes e Ofícios. Todos os móveis eram de jacarandá entalhado. As empregadas ficavam doidas para tirar a poeira daquilo.

A sala de visita comunicava-se com a sala de jantar principal. Sua última porta, que dava para o terraço, terminava numa parede redonda, envidraçada. Depois da sala de jantar vinha uma copa, depois a cozinha, em seguida a despensa, abastecida de lenha para o fogão pelo padeiro. No centro do corredor principal, ficava uma escultura de mármore, uma figura feminina em tamanho natural, vinda da Itália, que minha mãe mais tarde fez questão de dar à minha mulher — ninguém se preocupou em saber quem era o artista. Do lado direito desse corredor, ficava o escritório de meu pai. Depois vinha a saleta de música. Dali seguia-se ao quarto de vestir do meu pai, que dava para o banheiro, o quarto de dormir dele, o quarto de dormir da minha mãe e um terceiro quarto, de modo que ela pudesse ficar perto do bebê.

Voltando pelo corredor, chegava-se a um O, que dava uma saleta e outro corredor. Abria-se ali mais uma ala de quartos para os filhos, mais quatro banheiros, dois com vaso sanitário e outros dois com a banheira, para se fazer higiene em separado. Um dos quartos foi transformado por minha mãe na sua capela. Era ali que ela acendia velas e rezava para os seus santos.

O porão era habitável, embora não fosse todo ocupado. Tinha um pé-direito de quase 3 metros. Lá havia uma sala com um quadro-negro, onde estudei grande parte da vida. Também ficavam no porão as mesas de bilhar, sinuca e pingue-pongue. Quando estudei para a Politécnica, fiz ali até um laboratório. Também no porão se encontrava a adega de meu pai e uma ala só de empregados, idêntica à dos quartos do andar superior.

Atrás da casa, em direção à alameda Santos, à direita de quem olhava da Paulista, encontrava-se uma lavanderia, com os varais. Minha mãe sempre gostou de ornamentação. No final de um jardim florido, havia um caramanchão e um enorme tanque que servia para curtir o esterco, usado como adubo. Atrás da garagem, mantinham-se galinheiros e a horta, com mate, erva-doce, cenoura, alface, chicória, tudo o que italiano come. O pomar tinha diversos tipos de fruta, algumas raras, como cambucá, araçá, sabará, jambo, caqui, parreira.

Meu pai tinha alguma coisa de obras de arte, mas nada especial: uns dois Visconti, um Parreira, algo assim. Tendo vindo lá daquele fim de mundo, mal e mal sabendo ler e escrever, depois de levar uma vida precária, já tinha coisas demais. Assim como minha mãe, ele era muito simples, mas fazia questão de aprender algumas coisas. Extremamente observador, interessava-se pela moda da mulher. Queria ver minha mãe sempre bem vestidinha. Ensinou a mim e a todos os meus irmãos a comprar jóias — como escolher, por exemplo, um brilhante — e peles (usava-se muito astracã, que vinha da barriga da ovelha). Obrigou todos os filhos a estudarem piano. Quando nasci, porém, ele já tinha desistido. Vendeu o piano. E eu, o único filho que se interessou por música, não pude aprender.

Em 1939, meu pai brigou com o Almeida. Sozinho à frente do banco, mudou-lhe o nome para Casa Bancária Conde, que mais tarde seria conhecida por Banco de Crédito Nacional. Continuou prosperando. Homem terrível, tudo o que fazia dava dinheiro. Não sei que tipo de informação se podia usar naquela época, mas ele era extremamente aplicado e tinha o senso, o olfato do banqueiro. Durante minha infância, lembro de lhe terem oferecido imóveis fantásticos, mas nunca quis saber de nada daquilo. Entre os poucos imóveis que comprou, estava um terreno, adquirido do primeiro conde Francisco Matarazzo, onde ele mandou construir a nova sede do banco, na rua Boa Vista, número 208/228. Com 16 andares, seria inaugurado em 1953, meses após a sua morte. Nunca teve qualquer vontade de diversificar investimentos e concentrou-se no banco. Ganhava dinheiro, e só, emprestando-o a juros. Que, diga-se de passagem, eram civilizados, não estapafúrdios como os de hoje.

O meu pai tinha intuição e trabalhava como um leão. Muito tenso, sério, preocupado, sofria de *angina pectoris*, atrofia nas coronárias que dá uma dor desgraçada. Eu tinha três mães; a verdadeira, primeira e única, que era a dona Rosalia; minha irmã mais velha, Teresa, e uma empregada chamada Maria, portuguesa de Trás-os-Montes, que entrou em casa quando eu tinha 4 anos. Essa Maria, além de uma pessoa maravilhosa, tinha aquele tipo de raciocínio peninsular. Certa noite, papai teve um ataque de angina. Eu dormia perto do quarto, ouvi algo, levantei, fui até lá. Meu pai estava curvado, dizendo assim: "Meu Deus, dai-me força." Naquele instante, Maria, que também tinha escutado o que ele dizia, apareceu oferecendo uma caixa de fósforos que trazia na mão.

Naquele tempo, era costume a família usar um carro mais comum no dia-a-dia e outro mais chique no fim de semana. Os carros mais importantes da época eram o Packard, o Lincoln e o Cadillac. Para ir ao trabalho, o velho Chico saía num Chevrolet. Nos fins de semana, usava um Packard. Naquele tempo, o almoço de domingo era tradicional. Então ele me levava domingo cedo para fazer compras. Abria as pernas para que eu pudesse ir no meio e íamos de carro ao largo do São Francisco e ao largo do Arouche fazer compras, a bordo do Packard com motorista. No Arouche havia uma panificadora que fazia doces italianos: *sfogliatella, pastiera di grano*... Coisas que ninguém sabe mais fazer no Brasil. Meu pai comprava também os presuntos — não entrava presunto cozido em casa, só cru. Escolhia pessoalmente os cabritinhos, que preparava à *cacciatore*: o cabrito era cortado em partes, pelas juntas, depois cozido com azeitonas, tomate e outros ingredientes. O meu pai descansava a carne, fazia todo o ritual. Naquele tempo, felizmente, nessas coisas não existia automação.

Para comer naquela casa enorme, além da sala de jantar de luxo, havia outra, de uso diário. Nesta última, sentavam à mesa todos os dias no mínimo treze pessoas. E não se escutava uma mosca andar. Ninguém se atrevia a abrir a boca, o velho Chico era um déspota. Falava pouquíssimo. E todos o respeitavam. Era aquele homem que não tinha dobradiça, íntegro até a raiz dos cabelos. A integridade supõe uma formação cultural, mas nele isso era espontâneo. Nunca fez mal a ninguém. Nem mesmo para ganhar dinheiro. Ao contrário, o dinheiro vinha pelas boas relações com os clientes, que confiavam na sua personalidade de ferro.

Minha mãe era mais acessível. Ela me chamava de Mando. Todos os meus irmãos mais velhos me adoravam e ao mesmo tempo me detestavam, porque se eu estivesse mal de saúde, isto é, com qualquer resfriadinho, dona Rosalia ficava num humor terrível. Assim como meu pai, ela era muito boa, com a diferença de que era pródiga, dava tudo o que podia.

Por causa da educação de meus pais, não consigo conviver com gente mal-educada. Posso ser ríspido, não tenho paciência com os chatos, mas sou extremamente educado. Aprendi muito naquele ambiente italiano. Obrigação era se vestir bem, comportar-se direitinho à mesa, responder com respeito. Não havia rapapés, mas aprendia-se o cerimonial. Meu pai dizia: "Você conhece educação na mesa de jogo e na do jantar." E tinha toda razão. Um sujeito malcriado jogando é um inferno. Quando entra dinheiro na brincadeira, ele perde a tramontana, é ofensivo, indelicado, não respeita os mais velhos.

Abrir e fechar porta de carro, puxar cadeira, faço tudo isso. Nessas coisas sou antigo mesmo e tenho muito orgulho disso. Na minha família, você não vai encontrar ninguém que não se comporte condignamente. Meus filhos, até hoje, nunca deixam alguém em pé, enquanto eles ficam sentados. A educação que veio de meus pais era impecável. Quando íamos para um hotel, você pensa que ficávamos como moleques correndo de poltrona em poltrona nos corredores, empurrando todo mundo? Meu pai nos capava, só com um olhar. Esse tipo de comportamento tem de vir do berço.

Morri de dar risada com uma passagem da biografia de John D. Rockefeller, fundador da Standard Oil Company e da dinastia Rockefeller, segundo a qual ele obrigava os filhos mais novos a usarem as roupas deixadas pelos mais velhos; por isso, tinha filho homem que era obrigado a vestir roupa de menina. Eu mesmo, morando na avenida Paulista, ganhei o primeiro terno de calça comprida adaptado do meu irmão Arlindo. Não havia fantasia com dinheiro. Era tudo feito direito, com grande parcimônia.

Nessa área, meu pai não era fácil. Para ele, dinheiro era algo que devia ser respeitado. E levava isso a ferro. Comigo, que por ser o último filho fui um pouco mais mimado, ele não era muquirana, mas também não era mão-aberta. O único filho que começou a trabalhar cedo foi o primeiro, Aléssio, depois dos dois que morreram. Mesmo assim, o velho Chico primeiro o mandou a Londres para estudar administração nos bancos de lá. A partir de então, todos os filhos que se formavam ganharam o direito de sair um ano para o exterior antes de começar a trabalhar. Arlindo foi para o Chile, Estados Unidos e Canadá. Nos Estados Unidos, estudou na Universidade da Columbia, especializando-se em neurologia. Pedro foi para Nova York, onde fez um estágio no Chemical Bank.

Quanto a mim, todos diziam que a paixão da vida da minha mãe era que um filho fosse padre. Eu não queria saber de ser padre coisa nenhuma. Pelo contrário, anos mais tarde, sofreria porque a Igreja, na época, fazia a censura dos filmes. Quantas vezes deixei de ir ao cinema por causa isso? No entanto, quase acabei sendo padre, por decisão própria. Estudei no Colégio São Luís e me preparei para entrar no vestibular da Politécnica, que prestei em 1950. A turma anterior, que era do ex-governador de São Paulo, Paulo Maluf, não tinha ido muito bem. Quando soube do programa detalhado de matérias que teríamos de saber para o vestibular da Poli, entrei em pânico. Resolvi ser padre, para correr do exame. Minha ilustre mãe, sem nenhuma escolaridade, e logo ela, que queria um filho religioso, disse: "Você não vai correr da raia não, menino." Só não tirei o primeiro lugar porque um examinador da prova de português cismou que eu não havia interpretado direito o Camilo Castelo Branco, que por sinal eu lera de cabo a rabo. Deu-me uma miserável nota 5.

A Poli era uma escola onde se davam 48 horas de aula por semana, fora o que você estudava em casa, porque havia projetos a fazer. Nos 10% do tempo que sobrava, eu ia ao cinema e jogava futebol, junto com parceiros como Mário Covas, que mais tarde seria governador de São Paulo (jogava um bolão) e Antonio Carlos Zaratini, Carlos Zara, que se tornou um dos maiores galãs de televisão da década de 1960. Na Poli, uma faculdade pública, me formei à custa do governo, o que eu achava um absurdo, porque meu pai tinha condições de pagar. O único de meus irmãos que não se formou foi Mário, por causa da epilepsia, que foi conduzida erroneamente. A orientação médica naquela época era ruim; achavam que ele não podia trabalhar, ficava em casa fumando charuto.

Meu pai trabalhava muito, de segunda a sábado das oito às seis da tarde. Por causa da sisudez, gostava muito do Arnaldo

Sandoval, casado com minha irmã Catarina, que tinha o temperamento oposto; médico, especialista nas grã-finas da cidade, era alegre e carnavalesco. O velho Chico era sistemático até para pular a cerca. Quarta-feira era dia de sair para freqüentar as casas das mulheres airosas. Para não passar mal depois, ele só tomava um caldinho. Depois saía com um amigo, que passava em casa para buscá-lo com um Cadillac rabo-de-peixe que não terminava mais. Outro amigo de quem gostava muito era o velho Scarpa. Quando ele aparecia em casa, andando os 40 metros que separaram o terraço da entrada na Paulista, meu pai já ia gritando, de longe: "Ciccilo!" Foi com o velho Scarpa, que fez fortuna com fábrica de tecidos e foi o mentor da indústria de bebidas Caracu, em Rio Claro, que ele fez uma das suas raras sociedades fora do meio bancário.

Para relaxar, o Chico gostava de descansar em estações de águas. Quando ele passou a ter mais idade, suas viagens se tornaram mais freqüentes. Como o filho menor, portanto mais disponível, eu era sempre a vítima: acabava indo com ele, ou minha sobrinha, ou minha irmã mais moça. Por esse motivo, conheço todas as estações de águas do Brasil. Nós íamos muito para Araxá, São Pedro, Poços de Caldas, Caldas do Rio Verde, São Lourenço, Lambari. Dormia no mesmo quarto de meu pai, para meu azar, porque ele roncava que era uma desgraça. Gostava muito de Caxambu, estação de águas onde havia cassino. Adorava também um joguinho. Muito comedido, dava o dinheiro para a minha mãe, dizendo: "Isto aqui é para o hotel, isto é das crianças, isto é do jogo." O caixa era dona Rosalia. Acabava o dinheiro do jogo, ele parava.

Meu pai morreu em 1953, aos 71 anos, quando eu estava no terceiro ano da Poli. Teve uma trombose no Parque Balneário, na praia do Gonzaga, em Santos, um dos hotéis mais chiques do litoral, onde passava a temporada por causa do coração.

Deixou o banco com uma casa só, aquela mesma na rua Boa Vista, onde ocupava somente o subsolo, térreo e mezanino, o prédio com 16 mil metros quadrados.

Depois disso, minha mãe ganhou mais autonomia. Sempre teve uma paixão declarada por ajudar pessoas. Ligada aos padres da igreja da Imaculada Conceição, preocupava-se muito com os pobres. Foi a precursora da cesta básica. Lá na casa da Paulista, houve época em que 118 famílias por mês recebiam gêneros de primeira necessidade. Todo mês havia uma fila de mendigos na avenida Paulista, diante de casa. Minha sobrinha, Michelina Grisi, apelidada de Lina, e minha irmã Catarina, chegaram a contratar uma assistente social para organizar aquele atendimento. Além de doar mantimentos, dona Rosalia cedia o porão de casa para reuniões das bandeirantes.

Ela ficou ainda muito tempo no casarão da Paulista. Morei com minha mãe até me casar. Fui um dos últimos remanescentes da família a morar na Paulista. Minha mãe era uma criatura tão maravilhosa que, quando a Gomes de Almeida & Fernandes começou a construir um prédio do lado da nossa casa na avenida Paulista, ela convidava o engenheiro para visitá-la. Caía muita porcaria da obra no jardim; oferecia ao engenheiro um chazinho de tarde e andavam de mãos dadas naquelas avenidas com jabuticabeiras enormes. Com isso, pensava que acabaria a chuva de entulho nas suas flores.

Só vendemos a casa na Paulista depois que minha mãe morreu. Hoje, no lugar, está o prédio feito de granito rosa, com vidros azuis, do Citibank. Houve um movimento pelo tombamento, do qual participava um monte de desocupados, encampado pelo pianista Arthur Moreira Lima, então secretário de Cultura da prefeitura. A turma do contra ficou diante da casa, fazendo gritaria, com aquelas palavras de ordem, "não derruba", e tal. Mas eu já tinha tudo organizado. Deixei a equipe de engenharia e os operários atrás da casa. Na hora em que os manifestantes foram comer pizza, saiu o trator, desmanchamos tudo, deixamos só a carcaça. Não perdemos nada, nem uma peça de mármore, uma esquadria de veneziana, os vitrais. Eu tenho tijolos da casa, enormes, com o dobro do tamanho dos tijolos de hoje. As telhas eram feitas em prensas trazidas da França. Talvez por isso nós a chamemos de telha francesa.

Depois, quando nós irmãos viemos a inaugurar o centro administrativo do BCN, uma construção maravilhosa em Alphaville, o ex-ministro da Fazenda e deputado federal Delfim Netto, nosso amigo, foi convidado, olhou e disse, malicioso: "Você não vai dizer que todo esse granito aqui veio da Paulista, não?"

Não tinha vindo, não.

3 As razões da boemia

Nunca tive nenhum problema em morar na avenida Paulista e continuar humilde; meus pais sempre foram humildes, então isso foi de criação, o comportamento tem de ser condizente com o nascimento. Quando era solteiro, morando ainda na casa de minha mãe, passava de carro na avenida Paulista, onde ficavam de noite aquelas mulheres da vida, esperando os clientes. Um dia parei o carro para entrar em casa, uma delas passou e disse: "O quanto eu dava para dormir com o sujeito que é dono dessa casa!" Nem lhe ocorreu que pudesse ser eu.

Acho que essa despretensão, além do entusiasmo pela vida, foi uma das coisas que me empurrou para a boemia. Todas as noites eu jogava em clubes partidas de bridge, depois ia com os cunhados do meu irmão Arlindo para as noitadas da rua Major Sertório, sempre para bater papo. Havia o L' Admiral, que era da Madame Eunice, o Music Box, onde a dona era uma graça. Nunca disse que era filho de banqueiro, mas acabavam descobrindo. Pegava mulherzinha da noite, ia até no cinema com ela, naquele tempo era como namorar. Ou então ia ao Michel, lá vi Tom Jobim tocando piano, na época ele era ainda um menininho, vi também Maysa, Silvinha Telles, cantoras que ainda viriam a se tornar célebres, e grandes astros da época, Tony Bennet, Ella Fitzgerald, Sarah Vaughan. No Captain' s Bar, da avenida Duque de Caxias, lugar também famoso, ouvi Harry Belafonte.

O gostoso daquele tempo é que se podia andar livremente, sem nenhuma preocupação. Não tinha briga, assalto, assassinato, nada disso. Só uma vez, num lugar chamado Ziriguidum, onde se comia um frango à passarinho de joelhos, um louco tirou um revólver e deu um tiro para o alto. Devia ter tomado pernod, um derivativo do absinto, que os loucos bebiam no final do século XIX. Dá alucinação.

Freqüentava muito a casa da dona Ermelinda, mãe de Dirce, minha cunhada, mulher de Arlindo. O primeiro motivo era minha sobrinha Lina, da minha idade, criada junto comigo; e a própria Dirce, que freqüentava muito a casa de minha irmã Thereza (minha segunda mãe) e do *dottore* Grisi, (meu cunhado e padrinho). Fui até o intermediário na época de namoro e noivado entre Dirce e Arlindo (levava presentes de um para outro). Dirce tinha uma irmã, Nely, e três irmãos, infelizmente todos falecidos: Nelson, o mais velho, Sinésio, o do meio e Milton, o mais moço e mais pirado. Ainda na Poli, eu já ia com ele caçar veados na Praia Grande; mais tarde, passamos também a sair pela noite.

Entre 1950 e 1956, eu saía sábado à tarde da Poli com um carro emprestado de meu irmão Pedro; com Milton, ia até São Vicente, atravessava a ponte pênsil e entrava na Praia Grande pela areia, porque não havia estrada. A Praia Grande era uma aventura, cheia de riachos traiçoeiros. Quem não soubesse ultrapassá-los acabava perdendo o carro, porque uma vez parado na água se molhavam velas e distribuidor. Nosso destino era o Suarão, onde amigos de Milton tinham uma casinha e um canil com mais ou menos quarenta cachorros "americanos" (*fox hounds* originais, aqueles orelhudos) e mais os mestiços brasileiros. O pessoal era maravilhoso. O chefe caçador chamava-se Itabajara, apelido Jará. Sabia como o diabo orientar os cães no rastro do veado-catingueiro, um bicho mais esperto que a própria esperteza.

O despertar era entre cinco e cinco e meia da manhã. Púnhamos os cães nos carros disponíveis, com um fedor insuportável. Uma vez encontrado o rastro dos veados, soltávamos os cachorros — daí em diante, quem tivesse perna que fosse atrás dos latidos. Chegávamos às vezes a sair do mato à noite, quase sempre com o veado, cujas partes eram distribuídas entre os caçadores.

Meu gosto pela caça vinha desde criança, quando na casa da Paulista armava minhas arapucas para pegar passarinho. Essa vontade nasceu comigo, porque na minha família quase ninguém mais gostava. Uma exceção era meu irmão Arlindo, que de vez em quando caçava com meu cunhado, o *dottore* Grisi. Como *oriundi*, o Grisi gostava muito de caçar, mas os italianos são exagerados para tudo, até para isso; diante deles, tudo o que voa leva tiro.

Outro grande companheiro de caçada foi o Gino Penco, um italiano, corretor de seguros, imigrante da segunda leva, chegado ao Brasil depois da Segunda Guerra Mundial. Uma figura notável, homem elegantíssimo, daqueles italianos que se tratam maravilhosamente bem. E, conquistador, cantava tudo quanto era rabo-de-saia. Íamos para o campo, sempre com um farnel, alguns sanduíches e latas; ele tinha adoração por latas, a pior alimentação para quando se está no mato, porque dá uma sede horrível. Mais tarde aprendi que é preferível levar comida à milanesa, ou alguma outra que não estrague nem obrigue você a beber muita água.

Em 1956, eu, Gino Penco, Toninho Grisi, filho do meu padrinho, Carmino Abate, ex-funcionário do Matarazzo, amigo de caçadas de Gino, começamos a ir para o Rio Grande do Sul, caçar perdiz, codorna e até lebre. Uma vez, tomamos um DC-3, um avião antigo, daqueles que a gente tinha de pedalar para chegar ao destino. Paramos na Cooperativa Batovi, lá em São Gabriel, onde nos recebeu dr. Mário Leitão, um veterinário, para nos levar até a casa do seu sogro. Quando Gino viu uma lebre no jardim da casa do homem, só faltou plantar bananeira. "Ah, *una lepra! Una lepra!*", dizia o italiano. Havia muitas lebres selvagens por lá, trazidas pelos uruguaios; tinham se alastrado por todo o Rio Grande do Sul, tornando-se uma praga.

Na primeira vez, nos hospedamos na casa do sogro do dr. Mário, por sinal muito boa. Mais tarde, não sei por que cargas-d'água, dr. Mário brigou com o sogro, cercou um pedaço de terra, alegando que era parte da mulher dele e construiu ali uma casa pequena de madeira, cujas janelas eram vedadas com plástico (o dinheiro dele era curto). Não havia luz elétrica e os banhos eram na base de água quente, que vinha de botijões de leite, esquentada no fogo de galpão. A iluminação vinha de um lampião Aladim, que proporcionou incríveis fotos noturnas.

A primeira coisa que aprendi foi que os gaúchos chamam perdiz de perdigão e a codorna de perdiz. Naquela tapera onde dormíamos, sem vidraça, o frio chegava a dois graus abaixo de zero. Para entrar na cama era preciso esquentar água, colocá-la em várias garrafas e deixá-las debaixo da coberta, de modo que aproveitasse o calor — caso contrário, gelaríamos. Era muito duro, mas eu adorava aquilo; esses foram alguns dos momentos mais felizes da minha vida. Além disso, o gaúcho é gente muito hospitaleira. Quando não conhecíamos ninguém, pedíamos licença nas fazendas para caçar. Muitas vezes, quando encontrávamos os peões no campo, carneando uma ovelha, eles nos ofereciam comida. No final da tarde eu sentava num morrinho, quase sempre com Gino; passávamos boa parte do tempo calados, observando o poente e a natureza. Fumávamos, o que não era boa idéia, porque Gino morreu de câncer no pulmão e eu tive câncer nas cordas vocais. Aquela coxilha do Rio Grande é algo muito bonito; freqüentei anos e anos aquele ambiente da região de São Gabriel, passando um mês de férias por ano lá.

Mais tarde, passamos a ir também a Rivera, no Uruguai, caçar perdiz, lebre e perdigão. Passávamos pela fronteira, registrávamos o carro e ficávamos no hotel-cassino em Rivera. Conheci toda aquela região a pé.

Além das caçadas, eu gostava de outro tipo de aventuras. Em 1956, recém-formado engenheiro pela Politécnica, resolvi fazer uma viagem antes de começar a trabalhar. Fiz uma peregrinação pelos Andes com o Aluízio Abdalla, meu colega de faculdade, com quem eu estudava na casa da avenida Paulista, e o Celso Siqueira. Éramos três dentro de um fusquinha, com 14 volumes no bagageiro instalado em cima da capota. Saímos de São Paulo, fomos para o Uruguai, atravessamos a Argentina inteira, subimos e descemos os Andes. Em toda a rota, só havia mil quilômetros de asfalto, de Buenos Aires até Mendonza, na Argentina. A rodovia Panamericana, ao longo do Pacífico, ainda estava em construção. Antes de chegar a Capão Bonito, no início da viagem, percebi que minha mala tinha escorregado do bagageiro superior e estava presa no pára-choque. Por sorte, vi a tempo.

Para ir tão longe, fazíamos rodízio na pilotagem. Deitávamos no banco de trás, onde havíamos colocado um colchonete, e cada um guiava duas horas de cada vez. No deserto do Chile, o povo nunca tinha visto passar um fusquinha. Por isso, lá o chamavam de "coche de juguete": carro de brinquedo.

Fomos parar em Arica, na fronteira com o Peru, depois Lima, capital do país; de lá, seguimos para o lago Titicaca, o mais alto do mundo, na fronteira com a Bolívia. O caminho era tão ruim que para fazer 200 quilômetros entre uma cidade e outra levávamos de 12 a 14 horas. Havia tamanhas crateras no chão que parecíamos andar no caminho de um dinossauro. Em alguns lugares dos Andes, não passavam dois carros ao mesmo tempo na estrada: você olhava para baixo e via só o fundo do despenhadeiro. Do Titicaca em diante, não pudemos ir mais longe: o pneu estourou e não tínhamos mais estepe. Conseguimos colocar o carro em um trem do Titicaca até La Paz, uma cidade que naquele tempo parecia ao deus-dará. Para se ter uma idéia, os índios da cidade bebiam álcool puro, de 42 graus, no meio da rua.

Por milagre, na capital boliviana achamos um pneu. De La Paz, descemos os Andes até Cochabamba. Chegando lá, deparei-me no hotel com o ex-governador de São Paulo, Adhemar de Barros, foragido do Brasil por ter roubado uma urna marajoara. Escapara ao mandado de prisão; nem olhou para nós, provavelmente de tão envergonhado que estava.

Para voltar ao Brasil, podíamos embarcar o fusca no chamado Trem da Morte, que partia de Santa Cruz de La Sierra, com destino a Corumbá, na fronteira com o Brasil. Contudo, preferimos o avião. Por 100 dólares, alugamos um C-47, versão de carga do DC-3; enfiamos o fusca lá dentro. Foram três horas e meia de vôo; eu e Aluízio dentro do carro e os pilotos de máscara, a 10 mil metros de altitude. Celso Siqueira já havia voltado ao Brasil a partir de La Paz. Descemos em Corumbá de fusca, sem passar pela alfândega, que era apenas uma cabina e uma corrente para nós pararmos, mas não havia ninguém e por isso seguimos em frente. Em Corumbá havia um Curtis Commander da Cruzeiro do Sul, avião mais bojudo que o DC-3. Eu e Aluísio entramos num avião de carreira da Cruzeiro, um Convair, e o fusca foi de Curtis. Chegamos em Congonhas, apanhamos o carro e o levamos para casa. Infelizmente, ninguém viu minha chegada triunfal: quando cheguei em casa, na Paulista, minha mãe tinha ido descansar em Águas de Lindóia.

A RIQUEZA DA VIDA

Foi das coisas mais loucas que fiz, uma espécie de despedida da vida de estudante. Mas se engana quem pensa que depois eu me enquadrei nos ditames do trabalho: a aventura estava apenas para começar.

4 As artes do banqueiro

Com a morte do meu pai, em 1953, quem assumiu o comando do BCN foi nosso irmão mais velho, Aléssio. Pedro já trabalhava com ele. Arlindo abandonou a medicina e também foi para o banco, pois achava que os dois precisavam de um elemento moderador, no que, aliás, acho que não errou. Em 1956, Aléssio teve um enfarte. Como tinha acabado de me formar, meus irmãos me convidaram para ajudar. Eu tinha, então, 24 anos.

Naquela época, os bancos não tinham muitas agências. Os poucos que tinham mais endereços eram o Banco do Brasil e o Banco do Comércio e Indústria, do velho Quartim Barbosa, que antes do BB tinha sido o banco emissor do governo. O empréstimo feito pelos bancos aos clientes vinha do dinheiro depositado em conta corrente. Honrava-se o papagaio, que se chamava assim porque o sujeito assinava uma nota promissória e saía pela rua Boa Vista ou XV de Novembro, no centro da cidade, "empinando o papagaio", ou seja, oferecendo a promissória de banco em banco para descontar, daí a expressão. O banco descontava também duplicatas. Cada transação mercantil gerava um documento original, a fatura. Dela se fazia uma duplicata. Essa duplicata, prova de que houvera uma operação mercantil, se podia descontar no banco, dizendo quanto o sujeito devia e quando ia pagá-la.

Eu estava com a cabeça cheia de idéias, todas cultivadas na Politécnica. A escola me ajudou muito, porque era baseada no modelo da Sorbonne: obriga você a fazer deduções. Graças a ela eu dizia até que se quisesse podia ser cirurgião-dentista em seis meses. Hoje, o errado no ensino é você ter um advogado, um médico, um agrônomo, um veterinário, sem a mínima noção do que é administração. Quem vinha da Poli, porém, sabia fazer conta, porque no último ano estudávamos contabilidade, administração e economia. Assim que meus irmãos me disseram para entrar no banco, achei que era hora de colocar todo aquele aprendizado em prática.

Minha primeira função no banco foi a de assistente da diretoria. Fiz um levantamento de tudo o que havia no Banco de Crédito Nacional. Era a sistemática que eu aprendera na Poli. Sem conhecer o âmago da história, não se faz absolutamente nada. Fui falar com o tesoureiro, sentei com o responsável pelos caixas, depois entrei no setor da cobrança, no de desconto. Percorri o banco inteiro e fiz uma pasta. O único camarada que entendia de todos os negócios do banco, no final, era eu. Meu irmão Pedro era advogado, bacharel. Arlindo era médico. Ninguém jamais tinha feito aquilo.

Na Universidade Lloyd Wright, homenagem ao homem que inventou a arquitetura moderna, em Phoenix, capital do Arizona, hoje todos os alunos são obrigados a fazer o que fiz quando ainda estava na Poli. Como curso opcional, eu ia aos sábados no Serviço Social da Indústria, o Sesi, onde aprendi diversos ofícios. Lá fui pedreiro, carpinteiro, serralheiro, ferreiro. Pensava: como posso passar a um estágio superior sem saber o básico? Esse era o espírito. Na Poli, meu professor de contabilidade foi Oswaldo

Campiglia, presidente de financeiras, um dos papas do assunto, autor do clássico *Contabilidade básica*. Quando meu irmão Pedro viu que eu sabia o que era uma letra de câmbio, quase caiu duro.

Meus irmãos administravam de forma intuitiva. Apertavam as despesas, aumentavam a receita, num mundo em que os bancos cobravam 1% de juros ao mês, coisa com a qual estamos hoje sonhando, e que na época era a única existente: só agiota cobrava mais. Não havia outras fontes de receita, como CDB, DI, que só apareceram muito mais adiante. Em compensação, o banco não pagava juros ao correntista. Você fazia o depósito e o banco não pagava nada a você: ficava com o dinheiro e dava o talão de cheque.

Pedro sempre foi muito bom banqueiro, no que diz respeito a ganhar o dinheiro. Porém, faltava ao banco organização. Em 1957, fiz a primeira tentativa de um criar um organograma no banco. Por obra e graça de Pedro, que sempre foi muito ativo nessa época da vida, começamos também a trabalhar com câmbio, palavra idiota que designa o financiamento da importação e exportação, compra e venda de moeda, hoje um setor internacional evidentemente muito mais sofisticado. Havia uma resolução da Sumoc, Superintendência da Moeda e do Crédito, que só permitia a um banco trabalhar em câmbio se tivesse uma agência aonde houvesse porto — ou seja, aonde passassem mercadorias de importação ou exportação. Tínhamos então que abrir a primeira. Em 1957 fui para Santos, onde alugamos um prédio no centro da cidade, com parede de taipa, madeira e barro socado, aquele tipo de construção do tempo dos escravos. Fizemos a agência lá.

Eu ia para Santos de carro, três vezes por semana — nessa época, conheci de cor a via Anchieta. Fui engenheiro, arquiteto, tudo: reformei a agência e começamos a trabalhar. O papel do banco em Santos era o de correspondente. Um banco qualquer lá fora dava uma linha de crédito e financiávamos os clientes para importar ou exportar. Pedro gostava demais desse negócio. Tivemos a sorte de que o pessoal do câmbio do Banco Holandês andava meio atrapalhado com o próprio banco; saiu e veio trabalhar conosco, trazendo seus clientes. Para os holandeses, foi um desfalque; para nós, foi ótimo.

Ninguém entendia nada de nada, eu também não. Não havia teoria alguma sobre câmbio. Comprávamos o dinheiro do depositante e o vendíamos para o tomador, era simples assim. O mesmo se pode dizer de algumas medidas de marketing, que naquela época ainda nem tinha esse nome. Fomos os primeiros a fazer publicidade com desenhos animados em outdoor e na televisão. Aparecia um boneco, estereótipo de um banqueiro antigo, com calças listradas, paletó cinza e óculos com aro de ouro, que fez muito sucesso. Ele apareceu em uma campanha do setor de câmbio internacional, que mostrava a importância da nossa atividade na área de importação e exportação. Depois, apareceu de novo, quando o BCN se instalou no Rio de Janeiro, de óculos escuros, tomando banho de sol. Ainda que meio toscamente, fomos também os primeiros a anunciar no *Jornal Nacional*, que no início ia ao ar somente em São Paulo e no Rio de Janeiro.

Naquele começo de carreira, quando eu andava com Pedro, ou outras pessoas do banco, ainda era apresentado como sendo do Banco de Crédito Nacional, ou do Banco Nacional de Crédito. Um dia, chegou à minha mesa uma correspondência de um banco americano, o Philadelphia National Bank. No folheto de apresentação, porém, ressaltava-se somente a sigla, PNB. Comecei então a rabiscar debaixo do PNB o BCN, as iniciais do Banco de Crédito Nacional. Não é preciso dizer que foi um custo enorme convencer não só os irmãos como os funcionários mais antigos do banco que seria muito melhor sermos conhecidos como BCN do que como Banco de Crédito Nacional. Isso depois se mostrou muito mais lógico; meus irmãos, no entanto, sendo muito mais velhos, achavam que sempre tinham razão.

Depois da primeira agência em Santos, abrimos outra, em 1959, na rua Sete de Abril. Foi o início de uma nova fase, na qual chegaríamos a ter 50 agências no país. Entramos também em outros negócios. Desde que eu estava ainda na Poli, já vinha participando do empreendimento da Vila Rosalia, que por teimosia do povo viraria "Rosália", assim, com acento no "a", o meu primeiro canteiro de obras.

Ficava na Vila Galvão, município de Guarulhos. Ainda na minha época de estudante, em 1954, fiz o levantamento altimétrico de Vila Rosália com os equipamentos da Civilsan, empresa que tinha entre seus sócios o Antônio Nunes Galvão, concunhado de Pedro, e meu professor de hidráulica no quarto ano da Poli. Era assistente de Lucas Nogueira Garcez catedrático de Hidráulica e Saneamento da Poli, que tinha sido governador do Estado. Para mim, teve seus inconvenientes. Estava eu no porão da casa da Paulista, com todos os dados de campo já passados para a planta de loteamento, quando perguntei ao Arlindo, cansado, se alguém não podia finalizar o trabalho — o que não requeria nenhum conhecimento técnico, tão-somente um pouco de habilidade manual. O caso é que eu havia combinado com o *dottore* Grisi, meu padrinho, uma viagem à Franca para caçar — eu deveria pegá-lo às seis horas da manhã. Era início de julho, eu estava de férias da faculdade, mas a resposta de Arlindo foi simples:

— Quem tem responsabilidade não larga serviço para ser feito por outros.

A Civilsan implantou na Vila Rosália a água encanada, o sistema pluvial, as guias e sarjetas, asfalto e rede de energia. Depois de me formar, em 1955, comecei a construir casas nos lotes. As primeiras foram um conjunto de seis sobrados geminados, projeto de um amigo de infância, o arquiteto José Luiz Fleury de Oliveira. Os sobrados eram pintados conforme o espectro da luz solar: começavam com violeta no primeiro e terminavam com o último vermelho. De 1956 até 1961 construímos aproximadamente 500 casas. Toda a idéia da vila era inovadora: a cada quatro quarteirões, construímos, por exemplo, padaria, açougue e farmácia. Imitamos a Caixa Econômica Federal, que financiava os imóveis em até sete anos: fizemos o mesmo, com boa margem. O negócio era bom, o que atrapalhou foi a inflação. Ela começou a crescer com a renúncia do presidente Jânio Quadros, em 1961; com a escalada dos preços, o custo das estampilhas que selavam o recibo chegaram a ser maiores que as prestações do mutuário.

Como coordenador do projeto Vila Rosália, fui o primeiro a fazer consórcio de imóveis. E o primeiro, também, a levar puxão de orelha do governo, quando apareceu o Banco Nacional da Habitação, o BNH. O governo queria que fizéssemos uma empresa de crédito imobiliário, algo que só viria muito mais à frente, para receber os recursos do BNH.

Eu trabalhava segundo a formação e as regras de conduta deixadas por meu pai. Ele tinha morrido, mas meus irmãos não facilitavam as coisas. Independentemente da hora em que se dormisse, às 8:30 da manhã tínhamos de estar na mesa de trabalho. Aos sábados, trabalhávamos no banco até uma hora da tarde. Chegar atrasado no trabalho, nem morto. Caso aparecesse às 8:35 da manhã, cinco minutos a mais, meu irmão Arlindo, 14 anos mais velho, olhava para mim e para o relógio. Não existia aquela história de se queixar de dor no calo. O capricho em fazer as coisas, a disciplina, é que faz as pessoas. Contudo, meus irmãos só cobravam o que devia ser feito.

Mesmo com toda aquela rigidez, a época era muito diferente. As ansiedades eram bem menores, assim como as necessidades de consumo, que parecia outro mundo. Com todo o trabalho, sobrava tempo para um monte de coisas. Almoçávamos em casa. Depois ainda dava para tirar uma soneca. A vida era menos estúpida. Hoje, se você ganhar dinheiro, não sabe o que fazer com ele, porque não há tempo para gastar. Se ganhar muito é ainda pior: não pode sair na rua, porque é roubado ou seqüestrado. O mundo naquele tempo era bacana porque dava para enxergar o que acontecia debaixo do nariz.

Fomos pioneiros em muitas coisas na área administrativa. No início, por exemplo, havia só o inspetor, o sujeito que via o erro e corrigia. Pensei que alguma coisa estava errada: era o cabrito tomando conta da horta. Alguém tem de fotografar o problema, outra pessoa tem de corrigir. Instituímos no banco, então, o que somente mais tarde, na década de 1960, receberia dos doutos na matéria o nome de auditoria.

Levei adiante a discussão sobre o organograma. O que tinha sido criado, por uma pessoa contratada para fazê-lo, não servia. "Isso aí é a rosa dos ventos", eu disse aos meus irmãos. Eles não acreditavam que eu pudesse organizar alguma coisa, dentro de um sistema mais moderno. Chamaram um economista da Fundação Getulio Vargas como consultor: o homem falava tudo o que eu falava. Enfim, cederam. Fiquei com a tarefa de desenhar o organograma.

Comecei o processo dramático de organizar o inorganizável. Sabe por quê? Porque as pessoas têm muito medo daquilo que não conhecem. Quando dizemos que temos de delegar poderes ou tarefas, é como se cuspíssemos nos valores intocáveis que as pessoas têm na cabeça. Como iríamos dividir as funções do Pedro, do Arlindo e a minha? Aquilo demorou anos para ser resolvido.

Entre os princípios de organização, uma das coisas que aprendi na Poli foi descrever funções. Não era fácil. Assim que me incumbiram do organograma, descrevi a função do Miguelzinho

Conti, sobrinho da minha mãe, que trabalhava conosco na rua Boa Vista porque ele iria ser o gerente da agência da Sete de Abril. Pouco tempo depois, minha mãe me chamou. Miguelzinho tinha ido queixar-se com ela. Chamei o sujeito:

— Compadre — eu disse —, não adianta queixar-se com dona Rosalia. Nós somos primos, mas os privilégios são para depois das sete horas da noite. Até lá, não tem nada disso, não.

Com esse tipo de dificuldade, o organograma demorou a sair, mas saiu. Depois de uma arrumação, o banco ficou dividido em produtos, produção e infra-estrutura. Produtos era tudo o que se comprava e vendia. Produção eram as agências. E infra-estrutura era o suporte para que isso tudo funcionasse.

No final, Pedro ficou como superintendente, responsável direto pela matriz, o câmbio e uma parte do banco de investimento. Eu já assumira o Banco de Crédito Nacional no Rio de Janeiro e ficava com toda a infra-estrutura. Inventei para mim um cargo de diretor-geral, porque mexia com tudo. Coube ao Arlindo a financeira e algumas agências, ao lado de nosso sobrinho, Toninho Grisi. A hora que tivesse de decidir qualquer coisa ele aparecia para ajudar. Já estava também um pouco cansado de mexer com coisas de que não gostava.

Não foi fácil fazer com que meus irmãos me entendessem. Não havia o hábito de pensar abertamente. De certa forma, eu era mesmo um pouco rebelde, pelo menos aos olhos deles. E, ao contrário de muitos banqueiros, não pensava só nos negócios, tinha uma vida fora do trabalho, e amigos também, incluindo alguns que chegaram a mim por acaso.

5 Um príncipe chamado Zeca

Eu e Gino Penco éramos amigos inseparáveis, a ponto de ele me pegar todo dia no escritório, lá no banco, para me levar em casa. Além de meu companheiro de caçadas, fazia o papel daqueles amigos a quem se fala tudo — uma psicanálise barata e eficiente. Só fui uma vez a uma analista, que era muda, não por natureza, mas por vontade própria, graças a Deus. Com um terapeuta e um amigo inteligente você acaba fazendo quase a mesma coisa. Casado com Elza, mulher de extraordinária capacidade de luta, com duas filhas, ele me daria muito apoio.

Logo encontrei também outro grande amigo, Zequinha Marques da Costa, que foi minha grande descoberta na boemia, ou eu a descoberta dele. Era filho de João Marques da Costa, um dos donos da indústria Tintas Cil, que usava um famoso slogan na época, "Tintas Cil, que embelezam o Brasil". Eu o conhecia desde a época do Colégio São Luís, onde estudei nove anos. Mais velho que eu, saiu antes da escola e fiquei um bom tempo sem vê-lo.

Naquela época, os donos da companhia é que descontavam duplicata nos bancos, negociavam tudo, não existia diretor financeiro. Por isso os árabes da 25 de Março e os judeus da José

Paulino gostavam de mim: como eu era muito mais maleável que meu irmão Pedro, quando ele viajava os árabes me davam até almoço de comemoração. Eu jogava bridge com o sogro do Paulo Maluf, Fuad Lutfalla; comi quibe feito por todas as avós deles: Catine Maluf, os Curi e muitos outros. Zeca trabalhava na Cil, fazia a parte financeira da empresa e freqüentava o BCN. Certa vez, eu o vi no banco e reconheci.

Não tratamos de negócios, mas nos aproximamos e começamos a sair juntos. Apaixonou-se por mim, e eu por ele. Por esse motivo, o Zequinha dizia para todo mundo que me resgatou do porão da casa de minha mãe, onde eu vivia a estudar. Ele lia muito, aprendia tudo com grande facilidade. Era inventor de frases, com aquela ironia fina dos verdadeiros gozadores. Dizia, por exemplo, que adorava sua mãe, mas que ela durava demais.

Era meio maluco. Mas alguém já viu algum sujeito todo direitinho, muito sério, que tenha uma grande lista de admiradores? O sujeito considerado maluco é o mais interessante: traz as novidades, bagunça o coreto. Zequinha dizia que morava num apartamento.de primeiro andar porque "adorava a poluição". Declarava que punha o lenço no escapamento do carro para cheirar. Era um estabanado. Um dia, íamos para a Bahia num Caravelle. O avião só tinha filas de dois lugares. Fiquei no corredor, ele na janela. Dei uma dormida e, quando acordei, Zequinha sem querer tinha posto fogo na cortina do avião.

Alucinado pelas mulheres, o baixinho era um conquistador compulsivo. Já estava na meia-idade e tinha um fusca envenenado. Certa vez em que saímos juntos, ele parou no sinal vermelho e olhou para o carro do lado, onde havia um verdadeiro bagulho a bordo. Fez caras e bocas de Dom Juan. Quando o sinal abriu, fui fechando a janela.

— Meu Deus, Zeca, você está doido? — eu disse. — Essa mulher é horrível!

— Feia com pinta de bonita! — respondeu ele.

Cantava Deus e o mundo. Uma ocasião, na Bahia, chegou a administrar três mulheres ao mesmo tempo. Num hotel, Zeca, que era casado, deixou a mulher dele, Renata. Num outro hotel, tinha uma outra mulher. A terceira estava a bordo de um navio de turismo ancorado na Baía de Todos os Santos. E ele ainda queria namorar as filhas das suas namoradas. Passava o dia inteiro para cima e para baixo, visitando a mulherada. Ainda achava tempo para bater papo com Dorival Caymmi, o famoso cantor e compositor baiano, de quem era muito amigo.

O apartamento no primeiro andar do qual ele tanto se orgulhava ficava no anexo do Hotel Excelsior, no centro de São Paulo, para onde ele convidava Deus e o mundo. Eu saía do escritório, ia para a casa da minha mãe na Paulista, jantava com ela. Como não dormia, dava uma cochilada, dali a pouco tocava o telefone. Era o Zeca, que jantava toda noite com José Elias Junqueira de Almeida, no restaurante Casserole, no largo do Arouche. Depois saíamos de carro para Michel, na rua Major Sertório, e o Stardust, na praça Roosevelt, cada qual no seu fusquinha. Às sextas-feiras, montavam de manhã a feira na praça Roosevelt e saíamos de madrugada fazendo *slalon* no meio daqueles japoneses todos. Descíamos de carro a escadaria que dá para a rua Nestor Pestana, ele ia para a casa dele, eu para a minha. Nunca machucamos ninguém, felizmente. Deus é grande: toma conta de gente sem juízo.

Era de uma verve ácida e mortal. Numa sexta-feira, o baixinho entrou no banco para me encontrar e deparou-se com uma cena. Já não me lembro bem por qual motivo, um cinegrafista estava filmando o saguão do banco na rua Boa Vista. Zeca foi até minha sala, entrou e disse:

— Estou surpreso.

Perguntei por quê.

— É a primeira vez que vejo um ladrão filmando o próprio furto.

Dizia que nós não tínhamos uma sociedade, era um conluio. Eram memoráveis nossos papos. No restaurante Parreirinha, da rua General Jardim, íamos ver as mulatas. Na boate Delval, em São Paulo, certa vez, a banda do Caco Velho cantou a música "No meio da noite", que deixou o baixinho em parafuso. A letra tinha sido feita por ele para a cantora Maysa, que o Zequinha namorou, tempos antes de ela se casar com um Matarazzo.

Zequinha adorava música e conhecia todo mundo: escritores, músicos, boêmios. O escritor Rubem Braga. O também literato Paulinho Mendes Campos. O poeta Vinicius de Moraes. Foi também com Zeca que escutei pela primeira vez Baden Powell. Nas reuniões musicais na casa dele, a gente acompanhava o ritmo dos músicos de verdade como podia, batendo nas panelas e frigideiras. O reco-reco era no ralador de queijo.

Nessa época, o Vinicius, que era diplomata, chegou de uma temporada no Uruguai. Comunicava-se com Zeca, aparecia no apartamento dele. Por causa disso, num desses encontros na praça da República, me tornei o primeiro sujeito a gravar, naqueles gravadores pré-históricos, aquela canção: "Água de beber... Água de beber, camará..." Como fundo musical, ficou o garçom do hotel tocando a campainha para trazer gelo. Vinicius me chamava de "Armandinho, meu banqueirinho", assim no diminutivo, que ele usava para tudo. Quando me via na noite do Rio, cumprimentava dizendo: "Meu banqueirinho... Novamente aqui, dilapidando o seu patrimônio..." Me fazia uma grande festa.

Zeca era como eu: ficávamos na noite até três, quatro horas da madrugada. Dormíamos um pouco e às 7 horas da manhã ele ia para a fábrica de tinta, eu para o banco; descansávamos pouquíssimo. Às vezes eu pegava meu fusquinha, ia para o apartamento da minha irmã mais velha no Guarujá, depois do expe-

A RIQUEZA DA VIDA

diente no sábado, e voltava só domingo à noite para dormir. E durante a semana caía na noite do centro da cidade, num tempo em que o centro era algo que valia a pena. Da Major Sertório, o Zumzum foi para a praça Roosevelt, para onde foi também o Stardust, ao lado de um botequim de mocinhas da vida. Hermeto Paschoal, que tocava um piano maravilhoso, estava sempre lá. Outro pianista maravilhoso era Alan, dono do Stardust.

Zeca, no entanto, não gostava exatamente de tudo. Por exemplo, do Jockey Club, porque lá a maioria das conversas era sobre cavalos e éguas, assunto que não era o dele. Certa vez, perguntei se queria ir comigo ao Jockey. Ele respondeu:

— Só vou se eu puder apostar nos sócios.

Foi Zeca quem me apresentou muitos dos personagens da boemia, algo que conservei a vida inteira como um patrimônio pessoal. Fomos amigos até o fim da vida dele, que viria de maneira trágica. Zequinha tinha mania de velocidade. Uma vez, o grande Lanfranco Vaselli, o caricaturista Lan, um de meus insuperáveis amigos, foi com ele de São Paulo para o Rio. Depois disse que durante o trajeto, apavorado, queria pular para fora do carro. Eu mesmo, quando estava com Zeca, vira e mexe abria a porta do carro e saía, não agüentava aquela doidice. Também fiz besteiras, mas não tanto quanto ele.

Em abril de 1982, voltando de Angra dos Reis com a segunda mulher, Regina, Zeca bateu de frente com uma carreta. Naquele tempo, na estrada, não tinha assistência médica. Zequinha e a esposa acabariam morrendo por causa da burrice e incompetência humana. Mas o prazer de viver, que nasceu comigo e o Zequinha ajudou a aperfeiçoar, continua o mesmo até hoje. Sinto muita falta dele.

6   O gosto da caçada

Segundo a tradição da nossa família, todo filho do velho Chico que se formava tinha direito a uma viagem. Pedro tinha ido para Nova York. Arlindo fez sua especialização médica nos Estados Unidos. Depois de começar no BCN, meus irmãos me deram sete meses para que eu fizesse a minha viagem também. Marquei alguns compromissos de trabalho — iria conhecer alguns bancos —, mas eu sonhava com outra coisa. Quando ainda estava aprendendo a dirigir, eu treinava de noite ao volante levando de hospital em hospital e de casa em casa meu cunhado Arnaldo Sandoval. Enquanto ele dava suas consultas, eu o esperava dentro do carro estacionado, olhando a lua e pensando no dia em que conheceria... a África.

Eu, que já gostava tanto de caçar, tinha lido uma coleção, chamada *Da vida e da morte dos bichos, subsídios para a fauna e flora de Angola*, com cinco volumes, escrita por um trio de portugueses: Henrique Galvão, Abel Pratas e Teodósio Cabral. Galvão foi governador da província de Huila, em Angola, então colônia portuguesa. Era um homem audacioso. Na época em que estava no governo, arrumou um avião Constellation para jogar sobre a população panfletos contra Salazar, o ditador português.

• 53 •

Ainda por cima, entendia como poucos dos bichos africanos. Os livros eram preciosos. Graças a eles, fiquei ainda mais apaixonado pela África. Por isso, quando comecei a planejar minha viagem, pensei primeiro em passar lá, antes de rumar para a Europa, onde visitaria os bancos e conheceria vários países.

Meu cunhado Sandoval tinha entre seus pacientes Jorge Alves de Lima Filho. Quatrocentão, de família muito rica, fazia parte de um grupo de jovens brigões famosos na época; eu o conheci em São Paulo, na casa de minha mãe. Mais tarde, ele se cansou do Brasil, foi para a África e lá se tornou caçador profissional; vivia da venda do produto de caça, como o marfim. Tinha uma empresa em sociedade com um inglês mais afamado, Stan Laurence Brown, chamada Kirongosi, que em suaíle quer dizer Mestre Caçador. Foi por meio dessa companhia que organizei, em 1959, aos 27 anos, a primeira das minhas muitas viagens à África.

De São Paulo, fui a Roma, na Itália. De Roma, voei a Nairobi, no Quênia, num avião da Alitalia. Naquele tempo, existia ainda aquela África romântica, dos filmes *Mogambo*, com Clark Gable e Ava Gardner, e *As neves do Kilimanjaro*, baseado na história escrita pelo romancista americano Ernest Hemingway. Em Nairobi, fiquei no célebre Hotel Norfolk, feito pelos ingleses, onde o próprio Hemingway costumava se hospedar. Quando cheguei, estava me esperando, para caçar comigo durante dois meses, o senhor Douglas Collins, um major do Corpo de Camelos da Somália, um inglês louco, com quem eu aprenderia muita coisa.

Na época, a parte inglesa do continente africano — Uganda, Quênia e Tanganica, que depois da independência viria a chamar-se Tanzânia — era dividida em blocos, para efeito de caça. Esses blocos eram regiões em geral delimitadas por um acidente geográfico, como um rio ou uma montanha. A companhia de caça ia ao departamento responsável e pagava uma taxa para ficar com o cliente durante determinado período em determinado bloco. Os *game wardens*, os guardas do departamento de caça, faziam uma avaliação de todos os animais existentes naqueles blocos. Com base em cálculos de quantos animais morreriam de morte natural, nos dados de reprodução e assim por diante, estabeleciam aqueles bichos que não se podia matar, os que se podia matar, e quantos. Assim ficava acertado, dentro daquele bloco e de um certo prazo, o que se podia e não podia caçar.

Um grande amigo meu, Marcos Keutnedjian, me emprestou as armas de grosso calibre para a caçada. Era filho de Varán Keutnedjian, famoso armênio, fabricante de tecidos, de uma família muito grande, que criou também uma montadora na via Anchieta, mais tarde adquirida pela Ford, onde se fazia um carro chamado Nash. Marcos tinha passado seis meses de lua-de-mel na África, caçando com o auxílio de Bunny Allen, o mesmo que organizara os safáris para a produção de *Mogambo*. Estava voltando para o Brasil e me cedeu todo o equipamento.

Para caçar, especialmente na África, é preciso uma atenção especial com as armas. Para matar o bicho, você tem de usar o calibre adequado. Não se pode atirar num elefante com a mesma arma que se usa para o leopardo. Existem os bichos de pele mole, *soft skin*, e os de pele dura, *hard skin*. Os *hard skin* são o búfalo, o rinoceronte, o elefante e o hipopótamo, embora este último ninguém cace: como são bichos que não sabem se defender, são simplesmente assassinados. Nesses, atira-se de calibre grande, acima de .400. O *soft skin* é o resto: antílopes, gazelas, leão, leopardo. Para matar leão, porém, naquela época os ingleses exigiam um calibre maior. Robert Ruack, que escreveu muito sobre a África, inclusive na época dos guerrilheiros Mau Mau, publicou um livro intitulado *Use Enough Gun*, com as regras adotadas então. Os ingleses queriam que se usasse para leões uma .375, número que indica o diâmetro da bala em polegadas.

• 55 •

Acreditavam que só o seu impacto seria suficiente para deixar o leão meio torto, o que não é verdade. O outro calibre que se usava para a caça menor era o Springfield, fuzil americano, 30.06. Marcos me emprestou uma .465. Foi com essas três armas que fiz a caçada.

Em suaíle, safári quer dizer apenas viagem. Por isso, os ingleses chamam a caçada de *hunting safari*. Hoje há acampamentos para caçadores que parecem Georges V, de Paris, tal o luxo. Antigamente, no entanto, era dureza. Não havia acampamento fixo. Você andava como um caracol, com a casa nas costas, dentro de um jipe e um caminhão. A equipe era formada pelo caçador, o guia, um ajudante e dois *trackers*. Eles, os pisteiros, é que conheciam os caminhos do mato, sabiam avaliar o tamanho dos animais pelas pegadas deixadas em terreno mesmo duro e quando eles tinham passado ali, coisa que quem não conhece não acredita ser possível. Seguiam os animais e levavam a arma do cliente — por isso, eram chamados também de *gun bearers*, isto é, carregadores da arma. Não é fácil andar no mato com uma arma de quatro quilos e meio, mas para eles isso é uma piada. Havia ainda um *skinner*, que tirava e secava as peles da caça com sal. Completavam o time o motorista do caminhão, o cozinheiro, um ajudante e o homem que tomava conta da minha vida: lavava minha roupa, arrumava a barraca, acordava a gente de madrugada e ajudava o resto da tropa em outros serviços. Um segundo auxiliar cuidava da tenda do caçador.

Naquela primeira caçada, o caminhão era dirigido por um *trainee* do Collins, outro inglês chamado David Hern. Estávamos no safári eu, os dois ingleses e aqueles africanos maravilhosos. De Nairobi, saímos num Land Rover; atrás ia um caminhão com toda a tralha. Passamos por várias aldeias, principalmente massais, e campos de concentração dos Mau Mau. Seguimos para a Tanganica, onde ficamos dois meses, de julho a setembro de

1959. Aquilo para mim era um santuário. Até então, eu só tinha caçado perdizes, javalis, bichos assim. Por isso, aprendi muito com os ingleses. Eles não se aproximavam com o carro a menos de 500 metros do animal. A essa distância, o cheiro do automóvel, da gasolina, encobria o do homem, que os animais temiam. Isso servia também para deixar a caçada mais esportiva, dando ao animal uma chance de escapar. Essa foi minha primeira lição: a diferença entre caçar e matar. Nunca vi respeitadores e preservadores da natureza como os ingleses.

O que eu sabia? Nada. O que os ingleses sabiam? Muito. Inclusive educar as pessoas, o que me fez parar com aquelas bobagens de brasileiro. A escola inglesa de caçadores, sem dúvida, é a melhor que há. Graças a eles, o próprio Jorginho, que era meio indisciplinado, virou um *gentleman*. Foi surpresa ver o que a África Inglesa tinha feito com ele. Aconteceu o mesmo comigo também.

Nosso primeiro destino foi a planície do Serengeti, onde há uma importante reserva. Lá fica o vulcão Ngorongoro, quase extinto, muito famoso, porque dentro da cratera abriga milhões de animais, principalmente *wildebeest*, também chamados de gnus, além de zebras e, na época, leões e rinocerontes. Certa hora, o jipe parou diante de um tronco caído; desci para tentar empurrá-lo. Collins virou-se para mim e disse: *"What the hell are you trying to prove?"* Realmente: o que estava tentando provar?

Em outra ocasião, matei um chacal. Fiquei entusiasmado, queria matar outro. "Por quê?", perguntou Collins. "Você já não tem um?" Com isso, eu ia desfazendo aquele arcabouço estúpido de coisas que a gente tem na cabeça. Reduzia tudo à máxima simplicidade.

O inglês colocava acima de tudo a disciplina, coisa que brasileiro não tem. Jorginho aprendeu essa lição, eu também. Você saía de manhã para caçar e não sabia a que hora voltaria. Levava um cantil, porque podia ser que não encontrasse água, e um sanduíche. Só ia comer na hora de voltar para o carro. Até então, Collins não deixava ninguém comer nada. Quando você não tem disciplina, na África se corre risco de morte.

Outra coisa que aprendi com os ingleses: o animal com o troféu mais valioso é sempre velho. É muito raro, quando jovem, um elefante ter uma presa grande, ou um leopardo ser grande. A caçada de um animal velho é mais interessante, porque eles são os mais espertos — caso contrário, não sobreviveriam para envelhecer. Isso vem ao encontro da preocupação ecológica. A natureza deixa procriar o mais forte, como você vê nesses maravilhosos programas de animais que passam na televisão. Quando você mata o animal idoso, ele já está quase na hora de ser subjugado por outro mais jovem. A natureza também tem outro tipo de sabedoria. Por exemplo, os *wild dogs* (mabecos, em português), que andam em matilhas, correm atrás das manadas, dispersam os indivíduos e minimizam o problema do cruzamento consangüíneo. São coisas que as pessoas que andam no mato só para dar tiro não enxergam. Mas os ingleses enxergavam muito bem.

Por causa do controle ambiental, daquela primeira vez não podíamos matar leão. Em compensação, matei três búfalos. Um deles foi bonito. Assisti a uma briga entre dois animais. Atirei no que perdeu, porque tinha a maior carapaça e era com certeza o mais velho. A caçada esportiva é pelo troféu. E você não joga nada fora. A quantidade de carne de um elefante dá para alimentar uma aldeia inteira. Logo que o animal morre, sempre chega a notícia para alguma aldeia próxima. Os africanos vêm, aproveitam tudo. Comem a carne e não deixam nem um pedaço de osso.

Eu e Collins nos dávamos muito bem. Inglês refinadérrimo, com frescuras mil, ele se apaixonou por uma somali. Entre os somalis e etíopes, estes últimos de uma outra tribo no sul do

Sudão, de um lugar chamado Iambiu, há africanos muito bonitos. De ver as mulheres, a gente fica louco de pedra. A rainha de Sabá, que era etíope, não era negra por acaso. Há entre os negros os mais escuros e os mais claros. As da Etiópia têm cor mais clara, como as nossas mulatas brasileiras, verdadeiras preciosidades. Há também somalis e negras de Yambic, ao sul do Sudão que são lindas. Em compensação, tem lugares da África onde o pessoal parece assombração como em qualquer lugar.

Não por acaso, Collins escreveu um livro, chamado *A Tear for Somalia*, romance no qual um inglês se apaixona por uma somali, cujo manuscrito eu li durante a caçada. De volta em Arusha, na Tanganica, ao pé do monte Kilimanjaro, ele recebeu um telegrama informando que o livro seria publicado. Tomamos um pileque de arromba. David, o ajudante dele, por causa da bebedeira, andou sujando o banheiro. O gerente do Hotel New Arusha no dia seguinte apareceu e disse: "Não podemos mais aceitar vocês como hóspedes." Eu, que era o *outsider*, fiquei quieto. Precisamos mudar de hotel, e mudamos. Aliás, o outro, para o qual fomos, era muito melhor.

Naquela época, estava ainda vivo o homem que, na minha opinião, inventou a profissão dos amantes profissionais da natureza. Esse sujeito de nome complicado, Grzimek, era diretor de um zoológico de uma cidade alemã; estudou toda a migração dos bichos que saem da cratera de Ngorogoro e entram no Quênia, passando pela fronteira com a Tanzânia. Produziu um filme, em cuja produção morreu seu filho, num desastre de avião, e um livro, intitulado *Serengueti Shall Not Die*. Ambos fizeram muito sucesso. Acabou influenciando um presidente da Tanzânia, Julius Nyerere, para que suspendesse a caça esportiva. Uma bobagem, porque a proibição só abre caminho para os *poachers*, que é o nome que se dá em inglês para os indivíduos que caçam ilegalmente. É muito melhor permitir a caça, porque assim você consegue controlá-la.

Evidente que as tribos africanas, como todos os povos primitivos, vivem da carne da caça. Só que o indivíduo que se diz civilizado e sai para caçar predatoriamente não faz distinção entre fêmea e macho, por exemplo. Por isso em muitos lugares do mundo a vida natural acabou. Em 1972, cheguei a ver um leão enforcado num desses laços que os africanos colocam para pegar carne. E, pelo que sei, ninguém tem interesse em comer predador.

O tempo provou que, apesar dos abusos contra a preservação dos animais, a fauna africana ainda hoje existe, depois de mais de quarenta anos, mesmo estressada. E só por uma razão: porque lá persiste a caça esportiva, que com o dinheiro pago pelos caçadores esportivos sustenta o departamento de caça, os "guardas de caça" e o combate aos caçadores ilegais.

Aprendi tudo isso já naquela primeira viagem, quando os ingleses já previam as proibições e os problemas que adviriam delas. Em Loliondo, meu primeiro acampamento de caça, experimentei aquela sensação única de me iniciar como caçador africano, até nas pequenas coisas. Naquela época as tendas eram amarradas, ao contrário de hoje, que usam zíperes. À noite eu amarrava as lonas da frente da barraca e estremecia quando escutava um rugido de leão. Tive um ótimo começo, com meu primeiro búfalo e meu primeiro leopardo, classificado como o segundo maior do mundo, de acordo com a Rowland Wards — Records of the Game, que hoje está ainda entre meus muitos troféus. O livro *White Hunters*, escrito por Brian Hern, irmão do meu guia *trainee* naquela caçada, traz uma foto em que estou carregando esse leopardo nas costas.

A caçada do leopardo é especial. Para atraí-lo, se põe uma isca, que pode ser uma gazela Thompson ou de Grant, ou ainda um pedaço de impala ou uma perna de búfalo. Com cerca de setenta quilos, o leopardo tem a metade do tamanho de uma onça. Contudo, se compararmos os dois felinos, a onça perto dele é uma piada: o leopardo é muito mais feroz. A caçada da onça é uma covardia. No Brasil, se usa cachorro: ela fica acuada pelo latido de qualquer rafeiro, sobe na árvore, coitadinha, e leva o tiro. É como matar um passarinho; atirar sem chance para o animal não é caçada, é assassinato. E ainda se usa espingarda calibre 22, que não faz nada no corpo do bicho, de maneira que o atirador precisa mirar o cérebro, onde acertar é muito mais difícil. Na África, a .22 é proibida. Uma caçada de onça só se torna esportiva se o animal for acuado no chão, numa toca ou caverna. Aí ele se torna perigoso e a conversa é outra. O que interessa na caçada não é matar, mas a emoção.

Aquela caçada ao leopardo teve emoção, o principal. Deixamos uma isca pendurada em uma árvore perto do acampamento, onde havia uma pegada muito grande, mas o bicho não aparecia para comer a isca, exceto à noite, quando caçar era proibido — só tempos depois os guias de caça deixariam caçar à noite, avacalhando tudo. Um dia, fomos atrás de alguns búfalos, perto de Loliondo, um lugar bonito, cheio de água, no fim do Serengeti. Quando voltamos ao acampamento, os africanos disseram que o leopardo estava na árvore. Chegamos no esconderijo, que nunca é a menos de 70 metros — além disso, o leopardo percebe. Ele estava lá. A área do Serengeti é de savana — só cacei em floresta no Sudão e Moçambique. Vi o leopardo e matei o bicho com um tiro só, graças a Deus.

Você mede o leopardo pelo tamanho do animal: da ponta do nariz até o fim do rabo. Collins deve ter esticado aquele: tinha nove pés, 2 metros e 70. Sem dúvida nenhuma, era grande.

Foi uma experiência única. Eu estava realizando um sonho, uma paixão. Naquela África dos tempos românticos, havia todo um ritual. Toda vez que o jipe parava, a primeira coisa que faziam era colocar você numa cadeira: o *bwana* tem de estar sempre sentado. Era respeitoso, bonito. No mato, é importante não perder a civilidade. Por que o inglês passava o dia na caçada e à noite, como se vê nos filmes antigos, punha o *dinner jacket*? Muito simples: você, para subir na escala da civilização, leva séculos. Para descer, leva meia hora. Caso não fizessem aquilo, eles ficariam iguais aos selvagens. Havia também um espírito de preservação da própria cultura e dos costumes. Graças ao ritual, fica impregnado aquele tipo de cultura que você não lava no banheiro.

Na África, aprendi a comer carne de caça — gazelas, antílopes — e aves. A primeira coisa que eles fazem por lá é descansar a carne. Ao contrário do que você deve fazer com o peixe, que é mais saboroso fresco, na carne o descanso é fundamental, porque promove o alongamento das fibras. E a carne não apodrece, desde que receba o tratamento adequado. O que faz a carne apodrecer são os ovos postos pelas moscas. Os ingleses escolhiam um tronco roliço e horizontal, pelavam o animal inteiro e colocavam a peça de modo que o animal "abraçava" o tronco, ficando metade de cada lado. Depois pintavam a carne com vinagre, de modo que ela ficava impermeável. Nessas condições, mesmo que a mosca pouse, o bicho que ela deposita não entra. E a carne pode descansar, na sombra: vai ficando amaciada. É o processo da maturação.

Aprendi também a comer *Bill Tongue*, nome que eles dão às tiras de carne penduradas para secar, na sombra, com sal e pimenta. Não é carne-seca, ou aquele jabá que fazem aqui, tudo desidratado, uma coisa horrorosa. É uma carne curtida que, bemfeita, fica vermelha por dentro. Se você fizer a coisa direito, é uma delícia, come-se de colher.

Por fim, depois de dois meses no mato, a caçada terminou. Um pouco triste, tive de ir para a Europa, onde ainda me aguardava o giro programado por vários países. Mal sabia eu, porém, que além de cumprir as minhas poucas obrigações, me divertiria tanto quanto numa caçada africana, com a diferença de que o troféu seria de outra natureza: uma mulher.

7 A *dolce vita*

Voltei para Roma de Nairobi num DC-6 da Alitalia, com escala em Mogadício, na Somália, trecho em que era o único passageiro.

Na Europa, havia a lista de bancos para visitar, o que fiz religiosamente, com ajuda de alguns amigos. Desde 1956, eu saía em São Paulo com um grupo de italianos. Entre eles estava o Germano Mariutti, até hoje muito meu amigo, Piero Gancia e a mulher dele, Lula, Ângelo Bonomi e Marco Fabio Crespi, cuja viúva, Beatriz Amaral, era irmã de João Batista Amaral, filha do Pipa, dono da TV Rio. Os Crespi eram milionários, com fábrica de tecidos na Mooca e palácio na Paulista. Marco Fábio era cliente do banco, daí nosso contato. Tinha uma mulher americana, que mais tarde se desquitaria dele para casar com o ator James Mason.

Quando o conheci, Marco Fábio já não tinha a fábrica, só muito dinheiro. O irmão dele, Rodolfo, era um playboy famoso em Roma. Nessa época, eles freqüentavam na capital italiana o 84, famosa boate aonde ia também Gianni Agneli, dono da Fiat, além dos playboys brasileiros mais conhecidos: Baby Pignatari e Jorginho Guinle. Marco Fábio era amigo de toda aquela gente e ia com fre-

• 65 •

qüência para a Itália, onde possuía duas fazendas na Toscana, uma do século XVII, que era uma beleza, e outra mais moderna. Por isso, a convite dele, de Roma fui para Florença.

A mulher de Rodolfo Crespi e a de Marco Fábio foram minhas cicerones na cidade. Eram muito divertidas. Certo dia, elas me levaram ao Monastero e um pombo despejou graciosamente os seus dejetos no meu braço. *"Porta fortuna, porta fortuna!"*, "traz sorte", me tranqüilizaram. Anos e anos se passaram; lembrei desse episódio recentemente, quando fui ao cinema ver *Sob o sol da Toscana*. Não gostei, porque se trata de um filme italiano falado em inglês, mas a história tem um episódio interessante. Uma americana, dispensada pelo marido, vai para a Toscana. Visita uma vila que lhe tinha sido indicada para comprar. Havia outro casal que concorria com ela para fazer a compra. A condessa, dona da vila, lhe diz que eles não tinham o "espírito" necessário, por isso nunca venderia as terras para gente sem essa indefinível qualificação. E de repente passa uma pombarada, faz sujeira na americana e a condessa desperta: *"Lo spirito!"*, exclama. Vende a vila para a moça.

A Itália é assim.

Andei com minhas amigas pela Toscana, depois fui para a Alemanha, França, Portugal, Espanha, Inglaterra, França novamente e Itália — Milão. Os ingleses inventaram todo tipo de lazer do mundo, exceto o futebol americano, aquele esporte ridículo em que se usa tudo, menos o pé. Tinham seus domínios além-mar, existia ainda o tradicional império britânico, rico e ostentador. Os ingleses ainda eram os donos do mundo e se comportavam como tais. Entrei numa loja que vendia pulôveres, com prateleiras de pé-direito altíssimo, apontei para o alto e perguntei: "Posso ver aquele lá?" A mulher olhou para mim e disse: "Por quê? Você não pode ver daqui?" Os ingleses eram assim; com o tempo, foram obrigados a mudar.

Fui para um hotel onde havia um concurso de misses. Eu era ainda um menino, até jeitosinho, mas sentava perto de mim cada mulher bonita que ficava paralisado. Londres me deixou tão deprimido, acabrunhado, que nem tentei nada.

Milão foi diferente. Um grande amigo, Januário Mazza Sobrinho, cliente do BCN, tinha um laboratório chamado Pravax, fabricante do Metilcolin, que todo mundo bebia adoidado, pensando que fazia bem para o fígado (mais tarde aprendi que não existe remédio para o fígado, se não me engano é o único órgão que se regenera — basta lembrar a lenda de Prometeu, na qual o abutre vinha comer parte do seu fígado regularmente). Uma família milanesa, de sobrenome Recordatti, muito rica, com laboratório na Itália, veio ao Brasil comprar a empresa dele e fizemos o papel de anfitriões. Minha mãe ofereceu um jantar na casa da Paulista à altura daquele pessoal que, como os italianos mesmo dizem, *hanno il puzzo sotto il naso*: têm fedor debaixo do nariz; por isso, estão com ele sempre empinado.

Os Recordatti, no entanto, eram muito bacanas. Quando voltei à Itália, encontrei-os em Milão. Lá, fiquei num hotel que não era lá essas coisas — nunca me hospedei em lugar grã-fino — e conheci o mais moço dos Recordatti, Silvio, *enfant terrible* da família. Jogador inveterado, ele fazia o tipo *blasé* e tinha uma namorada chamada Pieruccia, um amor de pessoa. Eu a levava para sair à noite, enquanto ele ficava muito ocupado na mesa de bacará. Com um amigo da Pieruccia, fomos a um show da Coccinella, uma francesa, o maior travesti de todos os tempos; passei algum tempo em Milão como os playboys que ainda havia à época, com muito dinheiro, rodando pelos *night clubs*.

Quando chegou a hora de ir embora para Roma, última escala da minha viagem, Pieruccia me perguntou:

— Você já tem hotel em Roma?

— Vou ficar no De La Ville.

Eu tinha combinado encontrar lá o Marco Fábio. Íamos fazer uma farrinha juntos.

— Nesse hotel — disse Pieruccia — você vai encontrar uma loira, dinamarquesa. Vai se apaixonar e casar com ela.

Achei graça naquela profecia, depois até esqueci dela, sem saber o quanto seria verdadeira. Fui para Roma e me registrei no Hotel De La Ville, que fica na Via Sistina, rua que sai do alto da Scalinata di Spagna, lugar conhecido como Trinidad dei Monti, ao lado daquele outro hotel chatíssimo, o Hassler. Naquele momento Federico Fellini estava filmando na cidade *A dolce vida*. Os atores e a equipe de filmagem também estavam hospedados lá, incluindo Anita Ekberg, com o marido. A mulher mais feia no hotel era a miss França. A miss Egito, então, era uma simpatia, além de ser muito bonita. Estavam lá também o diretor de cinema Roger Vadim, conhecido pela sua coleção de esposas maravilhosas, como a que exibia na época, a dinamarquesa Anete Stroiberg.

O meu jovem amigo Recordatti telefonou para os donos do Hotel De La Ville, que eram Walter Alísio e sua mulher Bárbara, avisando que eu estava a caminho. Assim que cheguei, liguei para eles e o Walter combinou comigo um encontro no bar do hotel. Pontual, lá estava eu à espera dele quando o Walter, habituado a "inspecionar" os freqüentadores, reconheceu outra pessoa e foi logo na direção dela. Era a Linda, então modelo dinamarquesa, amiga da Anete Stroiberg. Bonita e talentosa, ganhava a vida fazendo filmes sobre as regiões da Itália, com seus produtos específicos, como os objetos de alabastro e vidros de Murano. Também trabalhava para Harry Winston, famoso pelas jóias, e participara do filme *Mon Uncle*, do diretor Jacques Tati. E seu ponto preferido em Roma era aquele hotel. Walter convidou-a para jantar; foi assim que ela veio se sentar à mesa com um brasileiro de quem nunca tinha ouvido falar, ao lado do casal Alísio.

Entre bons italianos, a etiqueta às vezes é esquecida. Ninguém nos apresentou, Linda e eu. Isso não foi obstáculo. Como Walter e Bárbara não falavam inglês, pelo menos o suficiente para manter uma conversa nessa língua, e Linda não falava italiano, fiquei parte da noite servindo de intermediário, como uma espécie de tradutor simultâneo. Foi adorável. Casualmente, estávamos no mesmo andar do hotel.

A partir dessa noite, começamos a sair, até que um dia "apareceu a margarida". À medida que os dias passavam, crescia entre nós um relacionamento maravilhoso.

Linda tinha um admirador, namorado, ou meio-namorado. Eu tenho um defeito, ou uma qualidade: não pergunto detalhes que podem embaraçar as pessoas. Foi assim, então, que chegou à cidade o namorado. Ela saía para jantar com o dito-cujo e depois se encontrava comigo.

Com a chegada de Marco Fábio, formava-se toda noite a mesa de biriba, na qual jogavam Linda, Anete Stroiberg, Marco Fábio e eu.

Tudo dizia que eu voltaria para o Brasil e Linda continuaria na Europa. Contei que tinha uma namorada firme, algo naquela época coisa muito séria. Disse a Linda que gostava, mas não estava apaixonado. Ela, então, replicou: "Como você pode pensar em casar com alguém sem estar apaixonado?" Diante do óbvio, a ficha caiu.

Voltei ao Brasil depois de dois meses na África e cinco na Europa. Meu coração, porém, ficou por lá. Para atravessar o oceano, se tomava um avião a hélice, um DC6-B da Alitalia. O trajeto levava uma eternidade. O avião parou em Recife para o reabastecimento, os passageiros foram obrigados a descer, naquela área de desembarque suja. Pedi uma laranjada, o sujeito no balcão me deu um copo imundo. Pensei seriamente em voltar para a Itália a nado.

Na chegada a São Paulo, desmanchei o noivado. Minha noiva era uma ítalo-brasileira, um amor de pessoa, mas lhe disse que não daria certo. Eu tinha uma fotografia da Linda com um cachorrinho, que mostrei ao meu cunhado Sandoval, na casa da Paulista, onde ele ainda morava. Ele olhou a fotografia e disse: "Olha... com uma mulher assim, até eu casava."

Não tive dúvidas. Fui para o correio, escrevi uma carta de três léguas, convidando Linda para vir ao Brasil. E ela disse que viria.

8 Como Linda e Armando se tornaram cinco

Recebi uma carta de volta de Linda dizendo que aceitava o convite. Ela veio para o Brasil em fevereiro de 1960. Foi uma chegada triunfal porque, além da beleza e charme, ainda apareceu com cabelos cor-de-rosa. Não precisava de nenhum artifício para chamar a atenção, imagine com cabelos cor-de-rosa.

Fomos morar no anexo do Hotel Excelsior, na praça da República, onde já habitava no primeiro andar Zequinha Marques da Costa. Foi lá, já que o nosso namoro corria de vento em polpa, que resolvi perguntar a respeito de filhos. Como boa escandinava, penso que ainda não se sentia segura o suficiente e ela derrapou na conversa, o que me deixou meio frustrado. Mais adiante, ainda em 1960, tantas coisas aconteceram que a questão de filhos ficou um pouco esquecida.

Linda voltou para a Europa no dia 1º de julho de 1960 e só voltou ao Brasil em outubro de 1961, já para casar. Nesse meio-tempo fui visitá-la na Dinamarca, no fim de 1960, onde passamos o Natal e o Ano-Novo. Belíssima e feliz experiência, era a primeira vez que eu passava o Natal com neve.

Voltei ao Brasil e esperei ela arrumar tudo que tinha de arrumar para voltar ao Brasil e nos casarmos. Voltou, casamos. Tivemos uma lua-de-mel das mil e uma noites no Caribe.

Os nossos dois primeiros filhos foram concebidos em dois diferentes carnavais. Nada pensado, tudo ao acaso.

O primeiro foi Marcelo, que nasceu no dia 29 de outubro de 1962. Aí houve uma pequena encrenca. Linda, ainda na maternidade, pediu para eu registrar o primeiro filho com o nome de Christian. Antes de ir ao cartório passei na casa da minha mãe, e quando ela perguntou qual seria o nome, eu disse Christian. Por sua expressão, apesar de não ter dito nada, vi que não havia gostado. Pensei: e agora, vai Christian ou o Marcelo? Minha mãe, a dona Rosalia, já não era criança e pensei: vou chamar de Marcelo, o segundo vai ser Christian. E assim foi, só que a dinamarquesa me fez ouvir o diabo, mas acabou se acostumando.

Naquele tempo, quem podia contratava um pitbull alemão, enfermeira de origem alemã ou que havia aprendido a se portar como a SS do Hitler, e pai e mãe só viam o filho de vez em quando. A mãe para amamentar, e o pai, desde que não bufasse no bebê.

Até mais ou menos seis meses, a criança ficava quase totalmente isolada, seguindo o argumento, hoje totalmente desmoralizado, de que era para evitar pegar doenças. Foi assim que nasceu o Marcelo, que "reinou" até 7 de novembro de 1965, já que, três anos depois, nasceu a Corinne. Desta vez não houve encrenca, porque Linda fez uma ameaça bem perigosa. Corinne era o nome de uma francesa que eu conhecia e que veio várias vezes ao Brasil, a sua melhor amiga.

Nasceu cheia de problemas que me fizeram sofrer um bocado. Mal saída da maternidade apareceu uma espécie de afta muito grande que impedia a coitadinha de mamar. Veja o horror: recebia o alimento através de um tubo e de uma agulha espetada em sua testa de bebê. Era de chorar mesmo. Deus é grande, as dificuldades desapareceram e Corinne começou a crescer, tornando-se uma criança doce e meiga, atributos que desapareceram, por encanto tão logo ela começou a crescer.

Tinha a metade do tamanho do Marcelo, mas no tapa, coisa que acontecia *amiúde,* ele tinha de rebolar, porque a loirinha era uma fera.

Mais três anos se passaram e aí nasceu o Christian. Vocês vão achar estranho, mas Linda fez o possível e o impossível para que Christian parecesse um pequeno príncipe, cabelos cacheados e longos, mas que muita gente tirava sarro chamando-o de menininha, ao que ele, sem maior cerimônia, abaixava o calção e mostrava orgulhoso a sua masculinidade, o seu pinto.

Aí, como toda família e todas as pessoas, fomos superando o processo de crescimento, de ajustes, acomodações, brigas nos mais diversos níveis, mas sem nunca perder a coisa mais preciosa, que é o amor e o respeito. Cada um que hoje já está para lá de crescido tem uma característica, todos fizeram coisas boas, assim como deixaram de fazer outras, mas o resultado é bastante positivo.

Como procuro sempre me divertir com a situação mais ou menos adversa, brinco e ao mesmo tempo falo das oportunidades que os três tiveram de aprender viajando, pois foi nas viagens que eu mesmo aprendi muito do que sei. A primeira a se mandar para a Inglaterra foi a Corinne. Foi para nada mais nada menos que Cambridge, e vejam só: quando ela voltou, verificou-se que estava falando árabe, pois o inglês, que era bom, nem pensar. O segundo foi o Christian, que foi para Bermouth.

Nessa época, como eu viajava freqüentemente para Londres por causa da nossa associação com o Barclay's, achamos mais em conta comprar um apartamento em Londres. Ficava mais barato do que hospedagens em hotel. Foi assim. Christian sempre arrumava desculpas para ir a Londres e também para visitar as cidades da Europa Continental. Acho que foi o que mais aproveitou. Pois bem, um amigo nosso, o ator Derek Nimmo, foi quem nos achou o apartamento. Um dia ele foi comigo até lá após essas visitas periódicas do Christian. Vi que ele encontrou um furo num lugar da biblioteca. Meteu o dedo, que entrou sem dificuldade, e olhou para mim com uma cara que dizia: "Quem diabo fez isso e por quê?" Bom, até hoje ninguém sabe. Christian, para não destoar, voltou falando guatemalteco.

Essas viagens têm muito de bom e muito de ineficiente para os propósitos almejados. O bom é que se conhecem novos lugares, novas oportunidades para educar a íris e, quando a viagem é muito boa, até os ouvidos.

Para terminar o ciclo de viagens, Marcelo foi para Boston. Esse foi o pior mesmo. Apesar de eu insistir para que me relatassem o que haviam feito, aprendido, visto, nunca tive retorno, a não ser as histórias sem muita importância. Pois bem, para tripudiar, eu costumo dizer que Corinne voltou falando árabe, Christian falando guatemalteco e Marcelo esqueceu o brasileiro, que é o idioma que a juventude de hoje fala ou grunhe.

Dizem que a que mais se parece comigo é Corinne, voluntariosa, espaçosa, a tal ponto de Marcelo dizer que no Uruguai, onde ela mora, só cabe uma Corinne.

Todos maravilhosos e cada um diferente do outro. Mistura de italiano com dinamarquês era a primeira vez que eu via.

Preciso confessar que não fui nem sou o pai que pegou o pingolinho dos meninos e deu as três pancadinhas, nem os levei a Disney e outros tenebrosos lugares. Nisso dona Linda foi exemplar. Quando eu ia buscá-los no aeroporto de volta dessas aventuras é que via o quanto valia uma *viking*. Ela voltava em frangalhos. Nem por isso, depois que minha mãe faleceu, deixamos de passar juntos o Natal e o Ano-Novo, por muitos anos.

Foi numa dessas diferentes aventuras que fomos parar em Park City, Utah, nos Estados Unidos, onde o frio é muito rigoroso. Fomos dar com os costados lá por influência de uma família mexicana que encontramos num cruzeiro que fizemos pelo Caribe no fim do ano de 1979. Lembro-me do ano porque foi quando operei um câncer nas cordas vocais, graças a Deus operado na hora certa. Ficamos muito amigos da família Murphy, Guillermo e Lourdes e quatro filhos mais ou menos da idade dos nossos.

Toda essa conversa para dizer que numa manhã em Park City juntei os três na mesa do café-da-manhã e fiz um "Discurso da Montanha", coisa que eu fazia com certa freqüência com eles, e muito mais no trabalho.

O discurso era mais ou menos assim: Vocês hoje são bonitos, jovens, simpáticos e tudo o mais e por isso são aceitos, queridos e conseguem o que normalmente, para quem não tem vossos predicados, exigem-se saber e experiência. Por isso, preparem-se que esses predicados no futuro continuarão a valer, mas, sem vocês se dedicarem a estudar e a saber, de NADA VALERÃO.

Enfim, o tempo passou e hoje todos estão enfrentando de uma maneira positiva os desafios normais. Marcelo tem uma profissão que exige bastante trabalho e observação. Promove o som e a iluminação em eventos, festas, reuniões e pelo que me dizem é de primeira categoria. Parece feliz com o que faz. Casou, tem dois filhos, Armandinho e Marcelinho. Armandinho com a ex-esposa, Lourene, e Marcelinho com a atual esposa, Paula.

Corinne casou-se com um uruguaio, Juan Jose Arsuaga. Vive no Uruguai, tem dois filhos, Sofia e Rodrigo. Trabalha bastante para padrões uruguaios, muito esforçada. Agita muito. Se alguém for ao Uruguai e perguntar sobre Corinne, garanto que em cada dez pessoas cinco a conhecem.

Aí vem Christian, que, sendo o último, normalmente acaba sendo a pior vítima. Começou a freqüentar o escritório ainda quando estudava. Depois de uma manobra que vim saber só depois pela dinamarquesa, disse que queria ir para a Codeara. Ficou lá um tempo e um dia me disse: "Aqui não tenho endereço." Interpretei como se fosse: "Estou de saco cheio, quero me mandar."

Foi para Goiânia. A segunda "tirada" de Christian foi, por sinal, muito bonita: "enquanto eu ficar na sombra do teu chapéu, nunca saberei aquilo que eu sou." Gostei bastante. Em Goiânia encontrou a Michelle de muitos predicados, divorciada, com Sofia, uma filha adorável, com quem se casou e teve dois filhos, uma moreninha, Catarina, e outro loirinho, Enrico.

Como também sou o último, parece que os últimos recolhem uma porção de influências e acabamos, como eu de um lado e o Christian de outro, bem diferentes dos demais. Christian desde criança foi muito distraído, razão pela qual era e é muito amigo e parecido com Lan, meu fraternal amigo caricaturista, por sinal, põe artista nisso. Lan é artista, mas Christian não o é. Por isso mesmo, desde que percebi essa fabulosa qualidade, passei a infernizar a vida do meu filho para que prestasse atenção.

Para terminar, um dia, já bem crescidinho, ele me perguntou:

— Pai, posso pular de pára-quedas?

Eu respondi:

— Pode, só que você só vai pular uma vez!

E ele:

— Por quê, pô?

— Porque você vai esquecer de puxar a cordinha!

9 O malandro que não deu certo

Como mencionei anteriormente, com a chegada de Linda ao Brasil fomos morar no anexo do Hotel Excelsior. Não nos casamos imediatamente, uma coisa terrível naquela época, e por isso fui banido da sociedade paulista. As pessoas achavam aquele relacionamento absurdo. Estavam acostumadas com a cultura dos fazendeiros de café, que iam para a França e traziam para cá as prostitutas. E uma coisa não tinha nada a ver com a outra.

Houve duas pessoas, com suas respectivas mulheres, que nos adotaram. Uma foi Gino Penco, com sua mulher Elza. O outro, Zequinha Marques da Costa com a Renata. Da primeira vez em que Zequinha viu Linda, desastrado como sempre, queimou seu casaco de *vison* com o cigarro.

— Esse era legítimo! — ela berrou.

Eu me casei oficialmente no final de 1961, na casa da minha mãe, na Paulista. Nem por isso deixei a boemia. Eu e Linda saímos muito juntos. E, quando eu saía sozinho, o ciúme não existia. Dona Linda sempre disse que "ser cornudo é um estado de espírito". Criamos entre nós um grande respeito. Todo sujeito, mulher ou homem, tem de ter respeito. Quando ele acaba, acaba tudo: o amor, a própria vida da gente. Os ingleses levam isso muito a sério. Você fala uma mentira na Inglaterra e se torna zero. Eles têm até uma expressão para definir o que acontece com o mentiroso: *"you loose the face"*, literalmente, perde a cara.

Já a omissão é diferente. Você pode omitir a verdade, não se trata de mentira. Quem omite a verdade em geral é para o bem comum e da humanidade. É como diz aquela música: *"how many words were spoken and so many hearts were broken"* (quantas palavras são ditas e como os corações são quebrados). Não adianta ficar falando *I love you* a torto e a direito, é preciso dizer só quando se deve. E quando se falar *I love you*, mesmo, tem de ser no duro, sem esculhambação.

Quando existe respeito mútuo, o amor prevalece até mesmo sobre as diferenças. Muitos jovens vêm me perguntar qual é o segredo de um casamento longo como o meu, e é esse. Linda gosta de ir aos *vernissages*, eu tenho horror. Por que tenho de ir? Ela adora seus amigos, tem uma legião de admiradores — é impressionante — e sempre arranja companhia para ir. Não somos obrigados a conviver o tempo todo; Linda tem a vida dela. Depois de muito tempo é que se define uma forma mutuamente aceitável de convivência.

Quando ela chegou ao Brasil, se encantou com o país. Adorou, especialmente, o Carnaval carioca. Fomos à avenida Atlântica; quando ela viu um bloco, passou por debaixo da corda e improvisou para acompanhar os sambistas. Era tão branca que as mulheres vinham passar a mão nela para ver se era pintura.

Anos depois, exatamente em 1982, Linda resolveu participar do Carnaval no Rio de Janeiro. O desfile já era na Marquês de Sapucaí. Ela procurou Lan e disse:

— Lan, estou louca para sair em uma escola. Vou sair na sua escola, na Portela. Vê se você me arranja.

A RIQUEZA DA VIDA

Naquela época, Viriato era o carnavalesco e Lan disse: "Lindinha, pode deixar!" Só que ele falou comigo, e como eu não queria misturar os ministérios e queria ver se Linda desistia da façanha, falei a Lan: "Diga que Viriato morreu." Os meses foram passando e foi-se enrolando um pouco Linda. Naquele ano Lan tinha publicado fazia pouco tempo o livro *É hoje*, dedicado às escolas de samba. O carnavalesco da União da Ilha, uma das mais simpáticas da liga, tinha dedicado o Carnaval a este livro. Linda, então, por conta própria, chegou até a União da Ilha.

Estávamos no hotel e eu não sabia o que ela exatamente ia fazer e penso que ela também não sabia. Lá pelas seis da tarde, quando acordei, perguntei a ela:

— Você decorou o samba?

Ela respondeu:

— Eu sabe!

Completei então:

— As mulatinhas vão apertar sua alma se você não cantar esse samba direito.

Largamos Linda na União da Ilha e fomos para o camarote para ver o que ia acontecer. De repente, a grande emoção! Linda fantasiada puxada, por um sambista com peruca de juiz inglês e o restante das vestimentas, dando um show de samba no pé. Foi o máximo, tanto que na edição da *Manchete* sobre o Carnaval, onde todo mundo via o que tinha acontecido, na contracapa tinha Vilma da Portela e na terceira saiu Linda, sem seu nome ou sobrenome, porque ninguém a conhecia.

Depois desse episódio, os carnavalescos da Beija-Flor foram em casa e a convenceram a ir para a escola no ano seguinte. Fui contra, disse a Linda que era uma traição à escola que a tinha acolhido, mas Joãozinho Trinta tinha uma lábia danada. Linda ficou na Beija-Flor por 22 anos. Sua carreira carnavalesca só foi interrompida pela gravidade, quando no carnaval de 2004 foi experimentar o carro alegórico no barracão da escola, em Nilópolis, justamente para testar a segurança. O calço estava mal apoiado, o carro tombou e ela caiu de costas de uma altura de 5 metros. Quebrou todos os ossos do corpo, mas saiu vivíssima, com a única preocupação de que não culpassem o pessoal responsável pelo carro. "Eu pisô no lugar errada", ela dizia, com o sotaque dinamarquês que nunca perdeu. Eu, que estava no meu retiro em Gramado, no Rio Grande do Sul, saí de lá feito louco. Os médicos disseram que ela sobreviveu não por milagre, porque nem milagre foi: aconteceu algo inédito. Prevaleceu a constituição *viking* dela, que está no sangue; produto importado é assim, dos bons.

Quando você gosta de alguém, e respeita a pessoa, existe o alicerce. Os detalhes é que mudam. Eu brinco, e é verdade: a salvação do casamento são as férias conjugais. O convívio cotidiano desgasta qualquer relacionamento. Não adianta você querer fazer tudo certinho, acaba mal. É como bater papo, não dá para ter hora marcada. Existe gente que trai, mas o fato físico da traição não é importante, é uma bobagem. Interessa é que ninguém seja ferido em seu orgulho; evitar a humilhação. Por haver respeito, acho que meu casamento é um negócio muito bonito, um porto seguro e uma das realizações das quais mais tenho orgulho.

Eu e Linda nos compreendemos bem; já era assim naquela época em que dividíamos nossa paixão de recém-casados com a boemia. Depois do anexo do Hotel Excelsior, fomos para o Hotel Cad'Oro, que ficava numa vielazinha, a Basílio da Gama. Foi muito melhor. No anexo, a comida era horrível, no Cad'Oro era divina. Quando eu saía para caçar nos fins de semana, ou nas férias, trazia as perdizes, as codornas, e o cozinheiro do restaurante preparava as aves com risoto de *funghi*. Era um banquete, para o qual eu convidava os amigos, especialmente o Zeca e o Gino Penco.

Depois comprei um apartamento na rua Manoel Dutra, no Bixiga, um bairro fantástico — a maior burrada que fizeram em São Paulo foi mudar o centro para essas outras avenidas. No centro, em qualquer lugar, bar ou restaurante, se encontrava gente conhecida. Hoje não há mais nenhum desses pontos, onde eu via entusiasmado aquelas loiras desbotadas, aqueles crioulos maravilhosos, os boêmios de todas as classes.

Hoje já não vou a lugar nenhum para ver as mocinhas bonitas. Até porque meu conceito de beleza é muito diferente. As mocinhas do último concurso Miss Brasil tinham 65 centímetros de cintura, 96 de peito e 98 de quadril. Eram todas iguais. Perguntei para Glorinha Khalil, consultora de moda, que é minha amiga, como ela tinha agüentado ser jurada. Ela respondeu que tinha a mesma opinião do seu colega de banca examinadora, José Simão, cronista do jornal *Folha de S. Paulo*, para quem o único corpo diferente do concurso era o corpo de jurados.

No Bixiga daquele tempo, início da década de 1960, a diversão em andar pelos botecos era justamente ver as mulheres erradas. Íamos ao Gigetto, na rua Avanhandava, quando o Gigetto era o Gigetto, e outro boteco na rua Augusta, o Patachou, onde se via a fauna completa da noite. Lá era onde Julinho Parente sempre cismava de tomar sopa de cebola, o boêmio mais clássico que já vi, que se tornaria meu grande amigo.

Quem me apresentou Julinho foi Zequinha Marques da Costa, certa vez, na Baiúca. Era um bar fantástico, onde tocou Deus e o mundo, do Zimbo Trio ao Jair Rodrigues; tudo começou ali. O conjunto tocava, a turma bebia e um ratinho passava num travessão do teto, para testar se você não estava com *delirium tremens*. Vivia recheado de pirados completos. Certo dia Zeca me apresentou aquela figura, com um cravo encarnado na lapela.

Casado com uma santa, Beatriz, era muito pirado, mas um sujeito incrível. Assim como Gino Penco, Zeca e Lan, ficamos amigos de nos falar todo santo dia. Aonde eu ia, levava-o junto. E vice-versa.

Julinho bebia, fumava, pitava, mas com uma categoria incomparável. Bebeu metade da Escócia. Toda vez que eu entrava em algum lugar, ele dizia aos amigos dele que eu era "sujeira", fazia um sinal com o dedo para indicar esse fato, porque eu não cheirava nem cometia outras exorbitâncias. Apesar disso, ninguém jamais me pediu dinheiro emprestado. Essa coleção de loucos ao meu redor aparecia, acredito, por causa do meu hábito de nunca parecer banqueiro fora do banco.

O pai de Julinho, um italiano, lhe deixara uma fortuna grande. Ao longo de sua vida, ele viria a torrar boa parte daquele patrimônio, obrigando a família a vender propriedades para produzir a parte que ele liquidava com as dívidas de jogo. Estava sempre metido em uma enrascada. Chegavam os avisos de cartório e eles os pendurava. "Julinho, como você vai?", eu perguntava, e ele respondia: "O varal da minha casa parece uma quermesse."

Pedia socorro a Lupércio Marques de Assis, advogado, ex-procurador do Estado, que dizia, com aquele sotaque caipira dele, dobrando os erres e lendo o Código Civil: "Julinho, você é pródigo." Um dia perguntei a Julinho se ele tinha visto Lupércio: "Você é louco?", ele disse. "O homem abre a 'Bíblia' (o Código Civil) e começa a gritar que eu sou pródigo, que vou acabar dando tudo o que tenho... Nunca mais apareço lá."

Lupércio, uma das mais fantásticas pessoas que conheci, era totalmente desprendido. Advogado de bom para ótimo, cuidava do BCN, da cozinheira, da minha mãe, por quem foi considerado membro da família, e de tudo que era problema meu, de meus irmãos, filhos e de amigos. Lupa sempre procurou ajudar, sem pensar em qual era o justo pagamento do seu trabalho; de certa forma, ele também era pródigo. Tinha umas leis de prioridade. Se havia um problema no banco e outro com a cozinheira, ele corria em casa para ver o da cozinheira. Marcava 18 encontros ao mesmo tempo, deixava todo mundo maluco. Para ser advogado do Julinho, precisava também ser louco.

Julinho era o malandro que não deu certo, segundo a definição de outro grande amigo nosso, Flávio Coelho, o "Mulata", que eu chamo de Negão. Tudo o que fazia dava errado. Metia-se em "intermediação informal" de champanhe, de tecido, o que aparecesse. Aproveitava suas amizades para vender coisas aos amigos. E acabava entrando numa gelada, porque era só porcaria. Renata, minha madrinha de casamento, era amiga dele desde os dez anos de idade; não sabia lhe negar nada. Uma vez, emprestou sua garagem para o Julinho guardar umas "coisas". Quando foi ver, era champanhe de contrabando.

Almoçávamos muito em churrascaria, Julinho, Negão e mais alguns amigos. Ia todo mundo embora, ficávamos os três, eu Julinho e Negão, os dois consumindo bebida forte. Nesses porres, Negão dizia que queria comprar a alma de Julinho, pagando com uísque. Esses papos varavam até a noite. Julinho adorava virar madrugadas, embora procurasse seguir um conselho que lhe dera o cantor Sílvio Caldas, também da boemia: "Julinho, se até a meia-noite você não ficou bêbado nem arrumou mulher, vá dormir." A sabedoria do boêmio é fundamental.

Amava jogo de todo tipo, de carteado a briga de galo, tanto que seu apelido era Galo Cego. Uma vez fomos à casa de uma amiga que tinha um gato-do-mato. Julinho ficou extasiado, olhando para o animal.

— Que diabo você tanto olha? — perguntei. — Não sabia que você gostava assim de bichanos.

— Você não entendeu nada — disse ele. — Presta atenção. Esse gato uma hora mexe uma orelha, depois a outra. Seria o diabo arrumar um jogo para ver quem acerta a orelha que mexe primeiro.

Na Bahia, uma vez encontrei um artista que conhecia Julinho. Do seu apartamento, ele via Julinho puxar uma garrafa na ponta de uma corda pela janela. Tomava uns tragos e punha a garrafa de volta. Tudo para escapar da vigilância da mulher. Ele me fazia lembrar um ditado: "Por segurança, o remédio é ter éguas lerdas e mulheres ligeiras." Ele só tinha éguas lerdas, para as quais aliás se bandeou, depois que o Jânio Quadros, quando governador de São Paulo, proibiu o funcionamento das rinhas de galo.

Inventou uma porção de truques para ganhar nas corridas, sempre malsucedidos, é claro. No hipódromo de São Vicente, ele, os jóqueis e os tratadores certa vez se juntaram para "aprontar" um páreo. Todos iriam segurar os animais para que ganhasse a dupla Billy e Cristal. Só não falaram com o jóquei novato, achando que não representava perigo. Julinho contava essa história como um locutor irradiando a atropelada final: "Na ponta Billy e Cristal, estamos a 100 metros da chegada, Billy e Cristal na ponta, na ponta Billy e Cristal, por fora atropela Azarão, Azarão avança, ultrapassa Billy e Cristal, Azarão coloca uma cabeça de vantagem, cruuuuzam o disco final…"

A família de Julinho tinha um pastifício no bairro de Pinheiros. Os entregadores eram italianos ou descendentes, que tinham seus próprios caminhões. A cena devia ser semelhante à entrega de bebidas na época da Lei Seca, só que tudo legal. Julinho tinha convencido os italianos que era só apostar e buscar o dinheiro. Resultado: os italianos tinham empenhado os caminhões. Quando Azarão ganhou, quase que aconteceu um suicídio em massa: a italianada toda queria se jogar da ponte pênsil.

A RIQUEZA DA VIDA

Nas brigas de galo, Julinho deixava o seu galo quase sem condições de poder brigar com o outro no dia seguinte. Claro que apostava no do adversário. Certo dia, viram Julinho andando pelo acostamento de uma estrada no seu carro, bem devagar. Atrás vinha o galo, correndo, amarrado por uma das patas. No dia seguinte, Julinho pôs o galo para brigar com certeza absoluta de que ia perder. O galo ganhou.

Em outra ocasião, ele mudou de tática. Todos sabem que os galos, galinhas e semelhantes só dormem se dobrarem as pernas, deitando. Julinho colocou no porta-malas do carro uma bacia com água. Obrigou o galo a ficar dentro dela a noite toda, para garantir a derrota no dia seguinte. Você já sabe o que aconteceu.

Beatriz, a esposa de Julinho, perdeu a conta das vezes em que abriu o guarda-roupa e encontrou lá três, quatro galos de briga. Ficava furiosa e ainda tinha de ouvir que eram galos muito caros; por isso, tinham de ser bem tratados e guardados em lugar aquecido. Sem contar os vários almoços que Julinho oferecia aos galistas; estes soltavam seus galos por toda a casa.

Toda vez que Júlio Filho dizia que seu pai era Julinho, o interlocutor lhe contava uma história, acompanhada de um sorriso pensativo no canto da boca. Certa ocasião, ele estava com o pai numa rinha quando a polícia baixou, de surpresa:

— Tá todo mundo preso — anunciaram.

O clima ficou tenso, foi aquele corre-corre, gente tentando esconder os galos. Julinho continuou sentado, mexendo seu uísque com o dedo. A certa altura levantou-se, pediu licença e falou qualquer coisa com o tenente, que lhe abriu a porta para sair. O policial então anunciou no microfone:

— Quem é filho do seu Júlio?

— Sou eu — respondeu Júlio Filho.

— Como alguém traz o próprio pai num ambiente desse? Vá lá fora que ele não está passando nada bem.

Júlio Filho saiu assustado e viu seu pai na chuva, todo molhado.

— Pai, o que aconteceu?

— Como, o que aconteceu? Eu tiro você da confusão e você nem traz o meu copo!

Aos 10 anos de idade, Adriana, filha de Julinho, era levada pelo pai aos sábados até a fábrica de macarrão da qual ele era um dos donos. Lá, Julinho sempre encontrava uma fila enorme de pessoas esperando receber pacotes e pacotes de macarrão que ele distribuía gratuitamente. Até que um dia a fábrica fechou. Assim ele fazia com suas gravatas, sapatos e paletós, deixados para seus amigos, garçons, *maîtres* e motoristas; sempre chegava em casa sem alguma coisa.

Para mim, Julinho foi o símbolo daquela era boêmia, que infelizmente foi acabando, assim como o centro de São Paulo. Aos poucos, o papo desapareceu, assim como os lugares aonde a gente ia. Foi por essa razão que mais tarde, no início da década de 1970, decidi fazer algo para resolver esse problema. Decidi abrir um restaurante: o Piccolomondo, onde Julinho teria papel preponderante.

10 Um pequeno grande lugar

Eu já estava cheio de tomar uísque Rui Barbosa, aquele que no dia seguinte faz você acordar com a cabeça daquele tamanhão. Não havia um lugar em São Paulo onde tivesse uísque bom. Comida apenas razoável. Meu sobrinho, Toninho Grisi, hoje falecido, tinha um amigo chamado João Baptista Gelpi. Certa vez, na casa de Toninho, começamos a falar de restaurante. Ele era cozinheiro, especialista na cozinha lombarda e num dos pratos mais difíceis de se fazer — o risoto. Comida para mim tinha muito significado, mas eu gostava muito mais ainda da bebida e da música. Conversa daqui, conversa dali, falei: "Vamos fazer um restaurante? Você cuida da cozinha, dos vinhos, e nós vamos fazer um lugar para se comer e beber do bom e do melhor, sem acordar com a cabeça pesada."

Baptista era o mais velho de quatro irmãos, filho de pai riquíssimo. Meu irmão Arlindo, como médico e introdutor da eletroencefalografia no Brasil, viu certa vez um exame do Baptista e disse: "Esse rapaz não pode beber!" Dizia que ele tinha uma descompensação hemisférica ou coisa parecida, razão pela qual, achava meu irmão, a bebida o deixava doido. Sabia falar várias línguas, lia bastante, inclusive japonês: era obcecado pelo Japão, a ponto de sair de quimono pela rua, com uma espada de samurai. Certo dia, na rua, cortou o galho de uma árvore em cima de um casal que namorava — os dois estão correndo até hoje.

Ele e os irmãos se tornaram os meus sócios no restaurante. Uma amiga, Hane Lore, conhecia Jacó Ruchti, professor da Faculdade de Arquitetura e Urbanismo da USP. Entre outras coisas, em sua longa carreira, Jacó fez um restaurante famoso, perto do largo do São Francisco, o Ouro Verde, e a junção arquitetônica dos prédios do Banco Itaú na rua Boa Vista — enquanto todos os bancos estavam saindo do centro, Olavo Setúbal cismou que tinha de ficar lá. Ele, Jacó, mais tarde, daria também uma arrumada muito grande na minha casa da rua Silvio Portugal, e integraria as duas casas onde instalei meu atual escritório. Foi o escolhido para projetar o nosso restaurante.

A mulher de Jacó, Irene, muito inteligente, linda de morrer, era paisagista. Ajudou muito no projeto. Eu chamava Jacó de Sublimado, porque ele possuía uma mente privilegiada. Adorava as pirâmides como forma e evitava ângulos fortes: tudo o que fazia tinha curvas. Um tanto místico, admirava o artista baiano Valentim Gentil, que fazia quadros com símbolos do candomblé.

Ficamos amigos. Toda noite do dia 25 de dezembro, Linda oferecia em casa uma festa que eu chamava "Golpe de Misericórdia", porque depois de tudo o que se tinha comido e bebido no Natal ela ainda servia um jantar dinamarquês à base de cerveja e *aquavit*. Ninguém saía inteiro. Uns dormiam no automóvel, outros chegavam em casa sabe-se lá como. Numa dessas festas, encontrei Jacó grudado na parede de braços abertos, a face também encostada na parede. Perguntei: "Que diabo você está fazendo? Resposta: "Estou procurando o banheiro." Falei para ele continuar até o final da parede, virar à direita, tomar cuidado com dois degraus: ali ficava a porta do banheiro. Como ele voltou inteiro, deduzi que deu certo.

A RIQUEZA DA VIDA

Em 1970, quando já morava em uma casa na rua Bauru, 216, tive minha segunda hepatite. Passava na TV uma novela, *Os cafajestes*, com Francisco Cuoco, na época um grande galã, que fazia o papel principal. Eu ficava na cama e Jacó aparecia. Ficávamos os dois fumando como desgraçados, assistíamos à novela, quando ela acabava Jacó ia embora sem falar uma palavra, além de boa-noite e até logo. Ele também passou a vir em casa sábado, junto com um baterista, Milton Banana, inventor da batida diferenciada da bossa-nova, muito meu amigo também. Nos juntávamos no porão de casa para ouvir jazz.

Jacó era introspectivo, mas uma figura fantástica. O homem a fazer o restaurante não podia ser mesmo outro. Alugamos o lugar do restaurante do João Penteado, na rua Romilda Margarida Gabriel, uma pequena travessa da Nove de Julho, logo abaixo da avenida São Gabriel. Ali há um edifício que começa na avenida e possui lojas embaixo. Na última loja, redonda, havia uma mercearia. Ao lado, existia um cabeleireiro, cujo estabelecimento alugamos também. Ali foi feito o Piccolomondo.

O nome veio de um restaurante aonde eu tinha ido com Linda, quando nos conhecemos em Roma, em 1959. Achamos perfeito. Foi inaugurado em 1970, como uma obra-prima. Não havia lá dentro um único parafuso comprado em loja; Jacó projetou e foi preciso mandar fazer tudo. Vou descrevê-lo. Pequeno. Materiais: aço inoxidável, acrílico, tapetes vermelhos e couro branco nos sofás e no assento das cadeiras, feitas de acrílico, arredondadas, com parafusos de aço. Você entrava por uma porta de aço, dava num semicírculo com tapetes e paredes vermelhas, onde havia seis banquinhos de aço inoxidável e assento de couro branco. Depois havia mais seis mesinhas de bar, de acrílico, encostadas na parede. Então você entrava no ambiente que causava choque em você: do teto, em forma de abóbada, desciam trinta mil pingentes de acrílico, material que naquele tempo era a última novidade. Ao redor do salão, havia onze mesas de vidro, das quais nove ao longo do sofá que fazia o círculo, e duas fora. As luzes saíam por detrás do sofá: azul, vermelha, verde, amarela. Dependendo da combinação das cores, que se decompunham nos pingentes de acrílicos da abóboda, você se sentia como no fundo do mar, ou numa espaçonave. Era desbundante. Meus sócios, que esperavam um restaurante de toalhinha xadrez, do gênero cantina, tomaram um susto, mas acreditaram e puseram o dinheiro no negócio.

Quando se passava pelo bar, havia um cubículo ao lado. Lá ficava o sonoplasta, que trabalhava diante de um daqueles toca-discos japoneses, com durabilidade máxima de três meses. O escolhido para a sonoplastia foi Carlinhos Vergueiro, amigo de Linda, filho de Guilherme Vergueiro, programador musical da Rádio Eldorado, além de ator; por sinal, ótimo. Naquela época Carlinhos, que depois seria músico famoso, era ainda molecão. Parecido com o pai, que já tinha um certo jeito de grã-fino e toda a noite tomava o seu uisquinho, eu o apelidei de Carlinhos Belle Époque. Como cozinheiro, sob a batuta de Gelpi, que organizou a adega e o cardápio, contratamos Teotônio, que era *chef* do restaurante do Cad'Oro, o melhor da cidade. No período de trinta dias de teste, para evitar um papelão no dia inaugural, quase quebramos financeiramente o restaurante, de tanto comer e beber. Tudo aquilo custou os olhos da cara, mas ficou perfeito.

E foi um sucesso.

Na porta, havia sempre uma grande aglomeração. Caju, o manobrista, corria feito doido. Na inauguração, as velhas quatrocentonas paulistas se acotovelavam na entrada. Aquela música do Paulinho da Viola, "Um rio que passou na minha vida", transformou-se no hino do lugar. José Scarano, revendedor de veículos Volkswagen, no auge do entusiasmo, entrava na cozinha, pegava o pano de chão com o rodo e saía como porta-bandeira pelo salão, cantando a música. Havia gente que dava notas de 100 dólares ao porteiro, o Divino, só para furar a fila. O Piccolomondo ficou famoso.

O preço era absurdo. Havia um carrinho que passava pelas mesas, onde vinham os patês de Estrasburgo, os caviares, o champanhe francês. As pessoas se serviam ali à vontade, comiam caviar com colher de sopa. O sujeito trazia a namorada, deixava que ela escolhesse à vontade, para não ficar feio. Depois, quando vinha a conta... Quase caía de costas; era um arrasa-quarteirão.

Certa vez, um americano virou para Linda, depois de olhar o cardápio, e disse:

— *Expensive!*

Ela então explicou:

— É que aqui o pato não é *à* Califórnia, é *da* Califórnia!

Afluíam clientes de todo tipo, incluindo os vizinhos, como João Marques da Costa, Joca, irmão de Zequinha, amigo de infância de Julinho, que por coincidência morava num apartamento no mesmo prédio do Piccolomondo.

Como eu não queria saber de administrar aquilo, só pretendia me divertir, o homem que devia me representar na história era o misto de *manager*, relações-públicas e mestre-sala Julinho Parente. Ele não tinha muito que fazer, mas era o motivo para muita gente ir lá, feito uma atração turística do lugar. Julinho contratou Élson, o *barman*, que conhecia da Baiúca, onde trabalhara. A caixinha que os clientes davam no Piccolomondo era tão boa que Élson acabou levando para trabalhar lá todos os seus irmãos. Com quatro meses de funcionamento, todos os garçons do restaurante tinham comprado o próprio carro. Numa semana de feriado, em que a caixinha caía com a diminuição natural do movimento, Gelpi fazia um cheque para completar. Quando um dos sócios aparecia para comer, em vez de dar os 10% de serviço, pagava 20%. Por isso, Élson costumava dizer que, com uns patrões daqueles, o restaurante não precisava de cliente.

Mesmo com todo aquele sucesso, o Piccolomondo aos poucos foi acabando. Cobrava-se um preço aparentemente absurdo, o restaurante faturava uma montanha de dinheiro, mas o que gastávamos era também uma exorbitância. E não ganhávamos dinheiro, porque não podíamos comprar nada sem nota fiscal. Por causa dos investidores de reputação ilibada, lá tudo tinha de andar certinho. Assim, o Piccolomondo era um dos poucos restaurantes no Brasil que usava nota. O Drury's dava mais lucro que o uísque estrangeiro, porque a gente colocava na dose quase o mesmo preço. E a bebida importada, depois de pagos os impostos, ficava sem margem.

Apesar disso, eu achava que estava tudo bem. O restaurante, afinal, não era para ganhar nada, mas para comer, beber e escutar música direito. Gelpi estava de acordo: só queria fazer os *casoncelli* dele em paz. Para não ficar muito ruim, peguei um pessoal de organização e métodos do BCN, que organizaram a administração da adega, dos produtos perecíveis e não-perecíveis. Mas não era suficiente. Restaurante, assim como outros negócios pequenos, precisa do olho do dono em cima de tudo. Para você ganhar dinheiro não adianta guia administrativo. Tem de ser do ramo, levantar cedo, ir para o mercado fazer os produtos frescos, olhar o negócio de perto. E não ficar bebendo até as cinco horas da madrugada e levantando às duas da tarde. Nós, com aqueles loucos... Julinho não sabia fazer conta de dois e dois. Gelpi era ainda mais doido. Os garçons levavam lagosta para casa debaixo do paletó. Era uma confusão.

Havia no Piccolomondo grandes clientes, como João Carlos Di Gênio, dono das escolas Objetivo, que estava sempre lá. Apareciam artistas como Roberto Carlos e os atores Walmor Chagas e Vera Gimenez, então mulher do Jece Valadão, na época considerada a musa das pornochanchadas. O Piccolomondo foi usado como cenário naqueles filmes da época, como o *Gente que transa*, uma pornochanchada com Carlos Eduardo Dolabella, e diversos comerciais de televisão. Élson, o barman, contava histórias dos clientes e de como apareciam muitos personagens curiosos, como Giuseppe Conti, dono de tecelagem, que só pagava a conta com dinheiro novo e perfumado. E o filho de Gastão Vidigal, dono do Banco Mercantil, Gastãozinho, que toda noite pedia champanhe e não bebia. Quando lhe perguntavam por quê, respondia: "Eu preciso gastar."

Além deles, passaram a aparecer também aqueles cafajestes que davam trabalho, como Oswaldinho Vidigal, que encontrei certa vez no Guarujá, dando um banho de champanhe numa tartaruga gigante, dentro do Hotel Jequitimar. As crianças brigavam com ele, diziam que tinha de jogar a tartaruga no mar. Ele então a levou para a praia, colocou na água e disse:

— O que eu ensinei a você, minha filha, não há "tartarugo" no mundo que vai entender.

Certa vez, ele foi expulso do Clube Samambaia, no Guarujá. Como vingança, roubou as fichas dos sócios, para saber a idade das mulheres e dar a devida divulgação. Depois pegou estrume e besuntou a maçaneta dos veículos estacionados fora do clube. Em outra ocasião, alugou um helicóptero e sobrevoou o Clube Harmonia, em São Paulo, para jogar Sonrisal dentro da piscina, que ficou efervescente. Louco indesejável.

Nessa época deixei aos poucos de ir ao restaurante, que tinha começado engraçado e passou a ficar chato. No fim da brincadeira, me perguntavam se eu tinha vendido minha parte, e eu respondia que não: "Me desfiz." Não foi um desastre assim tão grande. Afora os penduras, tinha gente que pagava. O Piccolomondo acabou em 1975, depois de cinco anos de vida. O golpe de misericórdia foi a inauguração do Hipopotamus, do Ricardo Amaral, num endereço ali próximo. Mas valeu.

11 O triunvirato

Você não deve entrar em nenhum lugar sem saber o que o homem que manda tem na cabeça. No BCN, tínhamos uma situação diferente. Nós, irmãos, formávamos um triunvirato. Pedro e Arlindo eram maravilhosos, de uma correção sem igual. Quando morreu meu pai, eu não tinha uma única ação do então Banco de Crédito Nacional, que ainda era pequeno. Meus irmãos foram tão corretos que, até eu ter a mesma quantidade de ações que eles, abriam mão do seu direito de subscrição nos aumentos de capital. É um tipo de comportamento que também não existe mais.

Nossa união era de tal ordem que nada do que a gente tinha era separado, os três participavam. Éramos como siameses. E, quando um não estava de acordo com a decisão dos outros dois, fazia de conta que concordava.

Meu trabalho no banco tinha um aspecto importante: a modernização. O BCN foi um dos primeiros bancos a se informatizar. Obrigávamos todo mundo a chegar às sete da manhã para tomar aula de computação. Já em 1965, alugamos um B-500 da Burroughs, um computador do tamanho de uma sala. Não havia chip, nada disso — um reles laptop de hoje valia 18 mil daquilo. Mesmo assim, com ele chegamos a processar até o Fundo de Garantia para o Citibank, tarefa que eles nos contrataram para fazer. Só para dizer que realmente fomos um dos primeiros a se informatizar. Além disso, montamos um setor de software e fomos a primeira empresa a vender no mercado um programa, palavra que nem era usada na ocasião, para automatizar as operações de câmbio. Faturamos uma nota com ele.

Fomos também um dos primeiros a entrar no que mais tarde seria conhecido como globalização. Em fins de 1973, fizemos uma sociedade com o Barclays, um dos mais tradicionais bancos da Inglaterra e um dos maiores do mundo à época. Tínhamos feito uma primeira tentativa com o Banker's Trust, que não vingou. O problema dessa associação é que existia um advogado da parte deles, que trabalhava assessorado pelo Pinheiro Neto, escritório de tudo o que era empresa estrangeira na época, que não se conformava com a lei do Brasil. Pela legislação da época, não era permitido a um banco estrangeiro ser sócio majoritário de outro banco no país. Ele queria colocar isso no contrato, de uma forma camuflada e até meio escabrosa. Nosso advogado, Lupércio Marques de Assis, não concordou.

Numa sexta-feira, começamos uma reunião às cinco da tarde na sede da rua Boa Vista. Ela continuou às sete da noite no escritório do Pinheiro Neto. Vai para cá, vai para lá, só terminou às sete horas da noite do sábado. Ficamos 26 horas discutindo um tremendo assunto, para repensar problemas que não existiam, exceto o fato de que eles queriam dissimular um pecado mortal. Não houve acordo. Passaram-se meses. Numa outra sexta-feira, também por volta das cinco da tarde, nos reunimos outra vez no escritório do Pinheiro Neto. O encontro durou até as sete da manhã, sem que saísse o negócio.

Passado algum tempo, fomos procurados pelo sul-africano Basil Soul, que falava em nome do Barclays. Eu tinha vindo da

África e me lembrava de que até em pequenas vilas o Barclays tinha agência. Dessa vez a conversa foi mais simples. Ou fazíamos um contrato simples, baseado na confiança, ou nem perderíamos mais tempo. E os ingleses são muito diferentes dos americanos. Nosso contrato tinha apenas a descrição das empresas que iam se associar, a quantidade de ações, o preço e uma cláusula de preferência. Para mim, essa associação foi de uma incrível utilidade, porque pelo menos uma vez por ano eu cumpria em Londres um programa de visitas que funcionava como um aprendizado junto a diversos setores do banco. A alta direção do banco era composta pelo presidente e quatro vices que dividiam entre si as regiões do mundo onde atuavam. Conheci vários *chairmen*; certo dia, um deles me chamou e disse: "Puxa, você conhece o banco melhor do que eu." E eu disse: "Muito simples, é só fazer o que eu faço." Eu andava desde o setor de marketing até o setor de avaliação de cargos, de recursos humanos, de cobrança, de serviços.

No início, era recebido no Barclays com um almoço, servido com baixelas de ouro e prata e garçons de libré. Mais tarde, enquanto os negócios bancários cresciam, a cerimônia do império britânico diminuiu, até acabar tudo num bufê, em fins dos anos 1980. Muito inteligentemente, aliás: as baixelas podiam ser de prata, mas depois de cumprir o ritual do almoço era difícil conseguir forças para continuar trabalhando. Eles davam um banquete que começava com um coquetel, depois vinha o vinho disso, o vinho daquilo, era uma coisa de louco. A gente saía da mesa às quatro horas da tarde, quase trançando as pernas. Quem tinha de trabalhar levantava da mesa e ia embora, mas eu não podia fazer isso, porque era convidado. Fui certa vez no Den Dansk Landsman Bank, da Dinamarca, que também era assim, até pior. Os dinamarqueses me convidavam para almoçar e eu saía de quatro, porque lá eles só tomavam *aqua vit*, uma bomba do diabo.

Sempre fui muito observador. Desde o começo do meu trabalho no BCN, queria experimentar idéias. Uma delas foi o cartão de crédito, que no começo dos anos 1970 era novidade. Em 1967, por causa da minha paixão pela música, fui ao Sam Goody's, loja de discos na Broadway, em Nova York, à procura de discos para trazer ao Brasil. Tinha um cartão American Express, aprovado e aceito pelo Banker's Trust. Cheguei na loja e vi na janela um anúncio do American Express. Apanhei quinze, vinte discos e, quando apresentei o cartão, o proprietário foi até a janela e rasgou o anúncio. Ao menos, teve a gentileza de realizar a transação. O sistema ainda era precário, não funcionava direito, mas eu achava que tinha futuro. Como saía muito à noite, eu via as vantagens do cartão. A boate não recebia cheque, levar dinheiro não convinha, e no Brasil, naquele tempo, só havia o Diners. Era um negócio a ser estudado, com aquilo se podia ganhar um monte de dinheiro. Tanto que me aproximei do Samuel Klabin, que como dono local do Diners era o único que tinha experiência nisso. Quis fazer algum tipo de associação com ele, mas havia intermediários que atrapalharam a conversa. Mesmo assim, não desisti.

Em 1975, aproveitei uma das minhas visitas ao Barclays para conversar com os responsáveis pelo Barclays Card. Eles tinham introduzido na Inglaterra o cartão plástico e estavam se enterrando por uma questão cultural: o inglês não estava acostumado a usar aquilo de modo que dê lucro ao banco, isto é, tomando dinheiro emprestado. O Barclays perdia de 10 a 15 milhões de libras por ano com cartão de crédito. Eu disse a eles: "Não sou pitonisa, mas um dia esse vai ser o maior lucro do seu banco." A *prime*, taxa básica de juros na Inglaterra, era de 10% ao ano na época. No cartão de crédito, já cobravam 23%. Perto dos juros que os cartões de crédito cobram hoje no Brasil, isso parece piada, mas para a Inglaterra era uma enormidade.

Muito mais tarde, quando saí do BCN, em 1988, o mesmo sujeito que tinha escutado aquela minha profecia me disse: "Poxa, você tinha razão." Naquele ano, o cartão de crédito já representava 23% do lucro líquido do banco. Hoje o cartão de crédito é uma forma de pagamento muito prática, mas é também uma maneira nojenta de explorar o cliente. Se você entrar no crédito do cartão, esfolam você da cabeça aos pés. O lucro vem daí, não da taxinha que eles cobram.

Eu não pensava cobrar esses juros exorbitantes, mas queria aquilo no BCN. A uma certa hora, o Citibank, que comandava a operação bancária do Visa, decidiu abandonar a companhia e ir para o Credicard. Como sabia que eu estava interessado na história do cartão de crédito, o novo responsável pelo Visa Internacional me telefonou de Miami. Queria vir ao Brasil para me oferecer 170 mil janelas — restaurantes, lojas e todo tipo de lugares onde se podia comprar alguma coisa com cartão de crédito de bandeira Visa. Que maravilha. Virei para os meus irmãos e disse:

— Agora é a hora de vocês decidirem se querem ou não.

Eles acharam muita encrenca.

— Armando, a gente já não se entende com isto aqui, você ainda vai querer inventar mais moda? — disse Arlindo.

Quem ficou com isso, depois de muita luta, porque era uma estatal, foi o Banco do Brasil, que deve estar faturando horrores.

Dentro do BCN, como o autor das idéias diferentes, sempre fiz esse papel de investigar outros negócios. Enquanto isso, o Pedro não via por que tanto esforço, quando tínhamos um negócio seguro, que já era tão bom. Meu irmão estava ressabiado porque já tínhamos entrado em outras áreas fora do banco cujos resultados deram início a algumas divergências entre nós. O principal deles foi o fundo de investimentos incentivados que levei adiante para aproveitar a exploração das novas fronteiras do Brasil, algo que me deixava maravilhado, porque era um desafio muito grande.

No início dos anos 1960, comecei a prestar atenção na Sudene, a Superintendência do Desenvolvimento do Nordeste, que dava subsídios para quem investisse na região. O desbravamento daquela parte do Brasil era uma tarefa que eu achava à altura dos meus sonhos. Ao mesmo tempo, era a oportunidade de entrar em algo que seria o futuro do país. Fiquei apaixonado pelo incentivo fiscal. Quando saiu o Finam e o Finor, as linhas de fomento que o governo abria para a Amazônia e o Nordeste, achei aquilo excelente, mas achava que o dinheiro privado, atraído com o incentivo fiscal, seria suficiente para fazer grandes negócios, sem que fossem necessárias aquelas linhas para empréstimos subsidiados.

Ainda não tinham surgido os bancos de investimento, e com eles os fundos, mas já tínhamos no BCN uma financeira. A idéia era o banco fazer a captação do dinheiro privado necessário para o investimento, dentro do projeto de incentivo fiscal. Fui num fim de semana para o Rio de Janeiro inaugurar uma agência do BCN em Botafogo. Encontrei o ministro Albuquerque Lima, ministro do Interior. Defendi a idéia de que o sistema privado bancário tinha condições de levantar fundos de investimento de grande porte, sem necessidade do Finam e Finor. Quebramos o pau. O senhor Celso Furtado, aquele economista do Nordeste, muito aclamado, nunca entendi por quê, esculhambava o sistema privado. Já tinha ocupado cargos importantes no governo e se deu ao luxo de fazer esse tipo de crítica. Achava inviável um banco levantar dinheiro para uma fábrica artesanal no Nordeste, como uma indústria de charutos na Bahia. Eu, não. Achava que podia conquistar parceiros para realizar esse tipo de investimento. E o incentivo fiscal que o governo proporcionava ajudaria a atraí-los.

Para mim, os fundos de investimento eram uma forma inteligente de financiar projetos no Nordeste. O Finor e o Finam se transformaram num escoadouro de recursos. O mesmo Albuquerque Lima, anos depois, me diria: "O senhor sabe que sujeitos no Nordeste, com grandes projetos agropecuários, estão usando o dinheiro do incentivo para ir comprar boi em Paris?" Eu disse: "Ah, deve ser um boi bom, não?" O negócio se desvirtuaria completamente. Naquele tempo, porém, no começo do regime militar, ainda não se sabia que aconteceriam essas coisas e eu queria ir em frente. Administraríamos os recursos vindos do Finam e Finor, além de captar recursos privados, que completariam o montante do investimento.

O dono da Toddy, fabricante de alimentos achocolatados, tinha um genro que resolveu fazer uma fábrica de suco de laranja concentrado em Araraquara. Deu o dinheiro e a fábrica foi feita por um engenheiro argelino, Jacques Banchetrit. Exportaram suco para os Estados Unidos, acabou dando errado e eles quebraram. Depois a fábrica foi vendida para José Cutrale, e nós do BCN ficamos sócios dele no negócio. A família Cutrale já era exportadora de laranja *in natura* e, quando souberam da disponibilidade da compra da fábrica, gostaram. Como já eram clientes do BCN e nossos amigos, ofereceram a oportunidade de nos juntarmos a eles. Ficamos sócios.

Mais tarde, fui procurado por um sujeito chamado Aluízio Campos, deputado da Paraíba, muito inteligente, cunhado do Fernando Lobo, pai do compositor Edu Lobo. Trabalhavam com ele Geraldo Melo, que foi governador do Rio Grande do Norte, mais Juarez Faria, que chegou a ser várias coisas no governo da Paraíba. Essa trinca tinha uma firma com a proposta de planejar e implementar projetos da Sudene. Queriam nos levar, com

Jacques Banchetrit, maior produtor brasileiro de abacaxi, para a Paraíba, entusiasmados com o fato de que o Brasil era o segundo maior produtor do mundo dessa fruta, depois do Havaí. Lá, imaginavam fazer uma fábrica de suco concentrado e enlatados com pedaços de abacaxi.

Fomos para a Paraíba eu, Benjamim Pereira de Queiroz, colega da faculdade de Direito do meu irmão Pedro, depois diretor do banco de investimentos do BCN, e Aluízio Campos. Visitamos o distrito industrial, onde seria a fábrica piloto, viajamos até as plantações. Na capital do Estado, João Pessoa, naquele tempo sequer havia hotel: dormimos em uma casa da Sudene, com direito a ser transportados pelas muriçocas do leito até a calçada, e vice-versa. Almoçamos com o governador na praia de Tambaú, onde depois seria feito um hotel da Varig, fomos bem tratados, parecia tudo certo.

Fizemos o projeto da fábrica. Juarez Faria, sujeito honestíssimo, a certa altura disse que faria um estudo sobre a produção já existente de abacaxi no estado. Depois de muito trabalho, concluiu que não havia abacaxi suficiente na Paraíba para fornecer a fruta sequer a uma fábrica piloto de pedaços de abacaxi, quanto mais de suco. O abacaxi não pode ser transportado por mais de 50 quilômetros, senão estraga. Assim, não havia como dar pleno abastecimento à futura fábrica de suco.

Desistimos da Paraíba, mas não abandonei a idéia de levar adiante um projeto com incentivo fiscal. Voltei os olhos então para a Amazônia, onde esse tipo de incentivo era vinculado a uma outra superintendência de desenvolvimento, a Sudam. Quem me levou para lá foi Ariosto da Riva, sertanista, pioneiro daquela região, que mais tarde faria o projeto de Nova Floresta. Tínhamos um amigo em comum, Orlando Ometto, então o maior produtor individual de açúcar do mundo e o primeiro a entrar com um projeto na região amazônica do rio Araguaia com in-

A RIQUEZA DA VIDA

centivo fiscal — a fazenda Suiá-Missu. Com Ariosto, estava um rapaz fantástico, o poeta Esmerino Ribeiro do Vale, de Guaxupé. Eles queriam que eu fosse para a beira do rio Araguaia, nordeste do Estado do Mato Grosso, onde um cidadão chamado Michel Nasser, dono da companhia telefônica de Campo Grande, tinha uma montanha de títulos de terra para vender.

No dia 26 de junho de 1965 — me lembro da data porque no dia 25 meu irmão Pedro fazia aniversário —, saímos da casa de minha mãe, na Paulista, onde dormimos, rumo ao aeroporto de Congonhas. Fomos para o Araguaia num Queen Air, avião emprestado pelo Orlando Ometto, na época dono da TAM, então ainda uma pequena companhia de táxi aéreo. Estava o Esmerino Ribeiro do Vale, na qualidade de corretor, e Carlos Alves de Seixas, do Instituto Agronômico de Campinas, que foi chefe da Defesa Ambiental do Estado de São Paulo, no Instituto Biológico, e que trouxe para o combate da praga no café brasileiro o benzenohexacloreto, o BHC, defensivo agrícola mais tarde proibido. Era um técnico maravilhoso que eu conhecia e, caso tudo desse certo, faria o projeto. Completava a equipe, na condição de advogado e companheiro, Benjamim Queiroz, que trabalhava no BCN.

A bordo do Queen Air, fomos até Porto Nacional, na beira do rio Tocantins. O lugar não tinha nada, exceto a pista de apoio utilizada pela Força Aérea Brasileira, a FAB. Para se ter uma idéia de como eram as coisas na época, um sargento da aeronáutica se pendurou nas asas de um avião, sacudiu-as feito um gorila, para saber se estavam firmes — assim funcionava naquela época a inspetoria aeronáutica. No dia seguinte, fomos para a fazenda Suiá-Missu, do Ometto, para conhecer o projeto *in loco*.

A sede da Suiá ainda estava instalada no lugar de uma antiga aldeia xavante. Ali conheci Rolim Adolfo Amaro, futuro sócio do Ometto, depois dono da TAM, que se tornaria um de

• 103 •

meus grandes amigos. Na época, ainda rapazinho, trabalhava como piloto para a fazenda. Por graça, ele veio me mostrar a fotografia de um piloto que caíra com seu avião em cima de um jatobá, depois de tentar em vão chegar à sede da Suiá. O cadáver, depois de alguns dias na mata, tinha sido meio comido pelas formigas. Um negócio horrível, mas ele ria, se divertindo à minha custa. Pela primeira vez, vi realmente como era trabalhar no fim do mundo.

Ficamos um dia na sede da Suiá, onde me distraí com uns indiozinhos xavante. Andamos pelo mato em busca de perdizes, que eu infelizmente não podia caçar, porque não tinha arma. Dormimos na Suiá e no dia seguinte voamos para a localidade de Santa Terezinha, que seria o núcleo do desenvolvimento daquela vasta região do Araguaia. Pousamos numa pista, que até hoje existe, feita pela FAB e mais tarde utilizada pela Vasp a serviço da rede de integração nacional — sistema de linhas aéreas subsidiadas para lugares onde não havia estrada. Havia em Santa Terezinha somente três casas. Uma era o hotelzinho do José Bonilha, que mais tarde eu apelidaria de Bombril: podia mesmo levar o célebre bordão da palha de aço, porque ele fazia tudo, até soldar balsa — era o Homem das Mil e Uma Utilidades. Havia ainda um botequinho, pegado ao Bonilha, e o Mané Quitandeiro. Completava a povoação a igreja e a casa da prelazia. Tudo isso ficava dentro da área que estava sendo vendida pelo Michel Nasser.

Nessa viagem não deu para ver nada, porque só tinha nada. A região era puro mato. Na volta, fizemos uma loucura. Abastecemos o avião na Suiá. A distância não era nada: só 200 quilômetros, em linha reta. Dali, porém, voamos para Cuiabá, mais de quatro horas de vôo, sem nada no caminho. Tivéssemos desaparecido ali, ninguém saberia da gente.

Os títulos que Michel Nasser possuía somavam 370 mil hectares. A gleba era fotogrametrada, porque os títulos tinham pertencido a Lineu Gomes, dono da companhia aérea Real. Ao voltar para São Paulo, conversei com meus irmãos, expliquei o negócio. Impus a eles uma conclusão:

— Para ir à Amazônia por uma titica, é melhor não sair de casa. Lá, ou você tem uma montanha de terra, ou não vale a pena.

O coitado do Esmerino era poeta de escrever e de agir. Apesar de nos ter aberto as portas para o negócio, ficou recitando poesia enquanto um outro fulano pegou uma opção de Michel. No início de 1966 fizemos negócio com esse sujeito, que ganhou a corretagem. Cometemos a barbaridade de comprar 370 mil hectares, terra que não acaba mais. Não custou caro, pelo que me lembro. De todo modo, a noção de dinheiro e de patrimônio mudou, de lá para cá. Naquela época, quem tinha um montão de terra na Amazônia era milionário. Hoje é um idiota.

Assim, começou a história da Companhia de Desenvolvimento do Araguaia, a Codeara, que para mim duraria quatro décadas.

12 A selva para administrar

Você tem de aprender com quem está duro. Com quem tem dinheiro, só aprende besteira. Tendo dinheiro, a gente se entusiasma, faço besteira eu, faz besteira você, a General Eletric, a Ford, qualquer um. Pelo contrário, quando a gente tem poucos recursos, acaba pensando mais. Uma vez, vi o dono de uma marina que se preocupava até com o gasto do pneu daqueles *boat lifts* que levam o barco para dentro d'água. Vi aquilo e falei: "Esse cara deve estar muito duro. Que maravilha. Quero aprender com ele." É o raciocínio que devíamos ter feito ao começar o trabalho na Codeara. Mesmo assim, valeu. É claro que certas coisas malfeitas poderiam ter sido evitadas, porém o mais importante é que enfrentamos um desafio colossal.

Dos 370 mil hectares comprados de Michel Nasser, 200 mil foram para a Codeara, definida como um projeto agropecuário, e 170 mil para uma sociedade de pessoas físicas, constituída de amigos e sócios investidores. Eu tinha cerca de 20% nessa sociedade, chamada de Condomínio Roncador, por causa da serra com esse nome, na região do Araguaia, famosa desde que lá caiu um Clipper de dois andares da Pan American, em 1950. Essa segunda parte das terras que adquirimos seria reservada a loteamentos, grandes e pequenos. E projetos de colonização autorizados pelo Incra.

Para obter a aprovação do financiamento do projeto agropecuário da Codeara na Sudam, precisávamos aportar 25% do dinheiro, não na compra da terra, mas na implantação do projeto: derrubar a mata, abrir pastagens, comprar e criar gado. A pecuária era o único negócio possível naquela época na região do Araguaia. Se plantássemos milho, soja e algodão, não teríamos como transportar a produção. O gado, pelo menos, andava sozinho. Uma vez demonstrado que tínhamos feito o investimento, o governo liberava o dinheiro do incentivo, três vezes mais que isso, os outros 75%. No final, gastaríamos do nosso próprio bolso outro tanto e muito mais. Não é que tivéssemos errado. Há uma diferença entre o erro e imperfeição. O erro é quando você sabe o que tem de fazer e não faz. A imperfeição é quando você não sabe como faz. E nós simplesmente não tínhamos idéia do que aconteceria.

A fotogrametria das terras que compramos, se por um lado ajudou, por outro foi uma encrenca. Tínhamos um título de posse orientado pelo norte verdadeiro. E os vizinhos um título pelo norte magnético. Isso dava uma diferença de 14 graus que sobrepunha as áreas. Para demarcar as terras fizemos as picadas, saindo do Araguaia em direção ao Xingu. Do rio Araguaia, onde a gleba começava, até o fim dela, eram 150 quilômetros. O perímetro da Codeara, e nós fizemos a picada inteira, era de 524 quilômetros. Quando estávamos com as picadas prontas, os outros vizinhos perceberam que invadíramos as terras deles. Só não perceberam que eles também estavam invadindo as nossas.

Começaram a contratar jagunços. Falei: "Vocês estão loucos, todo mundo comprou isso aqui de boa-fé." Minha proposta foi de que cada vizinho perdesse as terras na proporção das que tinha. Como tínhamos mais, perdemos mais: dos 170 mil hectares do condomínio, no acerto da demarcação ficamos sem 42 mil. Em compensação, no lugar da maior confusão fundiária do mundo, a Codeara ficou bem titulada, com as escrituras perfeitas, porque todos os vizinhos assinaram tudo. Hoje, para vender uma área de mais de mil metros quadrados em São Paulo, você tem de fazer uma retificação de área, um processo judicial, para que os vizinhos reconheçam a divisa. Lá naquele fim de mundo, fizemos isso em meados da década de 1960.

Para implantar o projeto agropecuário nos 200 mil hectares de área na Codeara, contratamos o escritório do Carlos Alves de Seixas, o Seitec, que já tinha feito o da Suiá para Orlando Ometto. Para a liberação dos incentivos fiscais, era preciso apresentar um plano que desse ao investimento um aval técnico. Seixas fez o projeto e o executou. Só que, acostumados às condições de São Paulo, tivemos uma série de dificuldades na implantação. A Amazônia era um lugar totalmente diferente, onde teríamos de aprender tudo de novo. Fizemos lá pela primeira vez estudos sobre ecologia, clima e solo, sem os quais a Amazônia jamais seria ocupada.

Por ser um lugar que não inundava nas cheias do rio Araguaia, Santa Terezinha foi escolhida como base para a operação. A sede da Codeara foi instalada num sítio do Bonilha, que compramos, ali perto, a 3 quilômetros da vila. De 1966 a 1978, quando começou a funcionar precariamente a BR-158, uma ficção em forma de estrada de terra, que desaparecia na temporada das chuvas, o jeito de se levar gente para lá era pelo rio, ou de avião. Para fazer as pistas de pouso nos campos de trabalho, ia gente pelo chão, abrindo picadas na floresta. Esse pessoal recebia a comida do ar, atirada em pacotes do avião. Era mesmo a conquista de selva.

Do rio Araguaia, onde começava a propriedade, até o lugar mais distante das terras, eram 150 quilômetros. Sassaki, um japonês que trabalhou lá num projeto de pecuária chamado Porta da Amazônia, idêntico ao da Codeara, levava um mês para vir a pé da divisa até Santa Terezinha, na barranca do rio. E chegava verde, impregnado de clorofila. Na sede da Codeara, construímos algumas casas para a administração e os funcionários. Tomei um banho lá, da primeira vez, de querosene. Não havia caixa-d'água — era um tambor, serrado no meio, que esqueceram de lavar.

O que mais complicou a nossa vida, porém, foi o padre François Gentel, um jesuíta. Quando cheguei no vale do Araguaia, em 1965, havia lá somente um padre americano, da Igreja anglicana, com seus filhos, uns americaninhos loirinhos. Era um missionário daqueles que cuidavam de tudo e de todo mundo: tirava bala do sujeito que tomava tiro, dava remédio de maleita, em suma, era um padre de filme de faroeste. Esse, no entanto, tinha sido retirado de lá, e sobrou só Gentel, pároco da igreja de Santa Terezinha, organizador de uma cooperativa para os 118 posseiros que viviam dentro da área da Codeara.

Quando nos vendeu as terras, Michel Nasser colocou na escritura que tínhamos de respeitar os posseiros. Assumimos então o compromisso de titular aquela gente. Ingenuamente, eu e Seixas fomos até a casa do padre Gentel, por sinal bem situada, no alto do morro, em Santa Terezinha. Mostramos o projeto, ele nos tratou muito bem. Além da regularização da posse dos posseiros, havia um plano de assistência médica, odontológica e social para todas aquelas pessoas, além de um projeto de urbanização da vila, onde seria construída até uma nova capela. Fui embora da casa de Gentel achando que estava tudo certo.

Depois dessa visita, porém, o padre primeiro tomou a liberdade de mandar um trator abrir uma estrada de Santa Terezinha até a aldeia dos tapirapés, índios que viviam perto do rio que leva o nome deles, onde ele também metia o bedelho. Em região de cerrado, o trator abre caminho fácil com a lâmina: quando vimos, o serviço estava feito. Em seguida, Gentel foi para São Paulo, onde começou a dar entrevistas aos jornais, com a ajuda dos padres dominicanos, os comunistas instalados naquela igreja da rua Cayubi. Sendo francês, nos comparou aos alemães quando invadiram a França na Segunda Guerra Mundial.

Ao ver aquilo publicado nos jornais, falei: "Minha Nossa Senhora!" O padre não podia dizer uma coisa daquelas, muito menos fazer uma estrada na Codeara, em terras que não eram dele, eram nossas. Tampouco podia se arvorar o direito de governar aquela gente, que estava lá havia tempos, desde quando uns mineiros passaram pelo Araguaia procurando o Eldorado, da mesma forma que o Fernão Dias Paes, o caçador de esmeraldas. Quando estacionaram na região, começaram a procriar entre si, o que gerou uma série de problemas congênitos na população local. Havia uma garota de 14 anos do tamanho de uma criancinha, devido à consangüinidade. Os 118 cooperados do padre Gentel estavam cada um num canto, ao deus-dará. Só plantavam mandioca, como os índios. Comiam um franguinho. E caçavam.

Tínhamos entrado com um projeto no Instituto Nacional do Desenvolvimento Agrário (Inda), para titulá-los, mas não bastava: precisávamos lhes dar condições de trabalho. Montamos um projeto de assentamento chamado Jatobá. Escolheríamos as melhores terras para os colonos. Levaríamos sementes novas para o cultivo. Eles se beneficiariam do projeto de colonização que faríamos em paralelo à pecuária. Aprenderiam com o pessoal que queríamos trazer de São Paulo e do Paraná. Daríamos assistência, tudo de graça. O padre e seus asseclas deixaram a gente fazer? Que nada, torpedearam tudo.

Doei 250 hectares para que se formasse a cidade. Fizemos uma planta para Santa Terezinha, de modo que organizássemos os lotes, que seriam doados aos moradores. Havia lugar reservado para tudo: olaria, hospital, escola, lazer. Com um pequeno planejamento, a demarcação dos quarteirões, daríamos ordem àquilo. Padre Gentel, porém, punha o ambulatório dele no meio da rua que a gente fazia. Desmanchávamos o ambulatório, mas quando voltávamos ele estava de novo no mesmo lugar. Era uma chateação incessante. Gentel atiçava aquela gente para odiar a Codeara. Não largou do nosso pé.

Fui ao governador do Mato Grosso, Pedro Pedrossian, no Rio de Janeiro, onde ele tinha um escritório. Pedi que tomasse providências.

— Se eu mandar a polícia lá, vocês vão começar o seu projeto com sangue — ele disse.

Nessa história de põe e tira ambulatório, um dia não deu mais. Em 1972, a nosso pedido, chegou enfim a polícia do estado do Mato Grosso, junto com o pessoal da fazenda, para resolver o assunto. O padre organizou uma emboscada, dentro de Santa Terezinha, que a essa altura já era uma vila mesmo. Atiraram em todo mundo. Só um ficou ferido, o José Norberto Silveira, que perdeu uma vista. Graças a Deus a munição e a pontaria deles eram tão ruins que não mataram ninguém.

O presidente da República era o general Emílio Garrastazu Médici. Quando soube da encrenca, Médici mandou o Terceiro Exército botar ordem naquilo. Prenderam Deus e o mundo, inclusive o padre Gentel. Fui convocado pelo ministro da Justiça Alfredo Buzaid. Ele veio com o dedo na minha cara, dizendo que precisávamos acabar com aquela confusão e que o presidente estava muito molestado. Eu escutei. No final, ele nos levou até o elevador e, mais calmo disse, referindo-se à conferência Nacional dos Bispos do Brasil: "O senhor tem razão, 90% da CNBB é comunista." Falei: "Ministro, o senhor foi muito pouco preciso na sua observação. Não é a maioria que é comunista, são todos."

A "padraiada" estava no Brasil só para bagunçar e desestabilizar as instituições.

Lan, meu amigo, que ia regularmente comigo à Codeara e portanto conhecia as histórias, inclusive como jornalista, já que participava das reuniões editoriais do *Jornal do Brasil*, onde trabalhava como chargista — ou caricaturista, como ele prefere chamar, ouviu minha história e me proporcionou participar de uma reunião dos editores do jornal, na qual me ofereceram a primeira página para falar sobre as conseqüências da influência nefasta do clero engajado no interior do Brasil. E o que mais eu quisesse dizer.

— Está errado — declarei. — Parece que estou apenas defendendo os meus interesses. Estou cumprindo uma obrigação, usando o dinheiro do povo, do governo, para implantar um projeto. Se eu não cumprir o projeto, sou inadimplente. Quem tem de brigar é quem me deu essa incumbência e parte do dinheiro.

Depois saiu uma lei, inventada pelo Médici, segundo a qual cada sujeito tinha direito a 100 hectares para o assentamento. Gentel, julgado na Auditoria Militar de Campo Grande, foi condenado a dez anos de prisão. Aí entrou a "bispaiada", fizeram um acordo com os milicos e ele saiu do país. Mais tarde foi apanhado em Fortaleza, voltando clandestino para o Brasil. Prenderam o padre outra vez e ele foi definitivamente expulso, por outro ministro da Justiça, Armando Falcão, que assumira a pasta no governo Geisel, sucessor do Médici.

Gentel saiu de circulação, mas a baderna não acabou. Depois dele, veio o dom Pedro Casaldáliga, que fez um estrago muito grande, com suas declarações aos jornais. Os padres falaram de tudo. Até o *Los Angeles Times* fez uma reportagem em que denunciava a *brazilian slavery*, como se estivéssemos escravizando pessoas na Codeara. Graças aos padres, perdi a conta dos lugares do mundo onde fomos notícia.

Não tínhamos escravos, tratávamos todos o melhor que podíamos, a situação é que era difícil. No início, o desmatamento começou com o machado. Para colocar os trabalhadores no meio da floresta, em frentes de trabalho, o único jeito era o avião. Contratamos Rolim Amaro. Tinha saído da Suiá, mas estava acostumado a trabalhar na mata. Depois de uma temporada como piloto da Vasp, propus a ele que voltasse ao Araguaia. Em 1967 a Codeara comprou um Cessna 206, do qual ele passou a ser o piloto, mudando-se com a família para a Codeara. Rolim descia com o avião na beira da rodovia Belém—Brasília, tirava os bancos, colocava 11 candangos lá dentro, tudo meio magrelinhos, trazidos em caminhões do Nordeste pelos "gatos", e voava direto para a mata. Gatos eram os empreiteiros contratados para trazer e administrar os trabalhadores. Em 1970, o ano mais louco da nossa vida, tínhamos na Codeara 1.500 pessoas trabalhando no machado. Desmatamos 10 mil hectares. Fizemos um hospital com duzentos leitos, que estava sempre cheio de homens que ficavam na cama rolando direto, por causa da maleita.

Eu não tinha nada a esconder, não tínhamos culpa. Os candangos se expunham. Não tomavam a pílula que existia contra a malária na ocasião, o Aralém, a base de quinino. Hoje, se você falar desse remédio para um médico, especialista em doenças tropicais, ele vai dar risada: a muriçoca chupa aquilo de canudinho. No entanto, era o preventivo que havia na época. Carlos Alves Seixas viajava para Brasília exclusivamente para buscar Aralém. Os comprimidos eram distribuídos aos funcionários. Em pouco tempo, começamos a achar os comprimidos jogados fora, atrás da porta. Foi preciso exigir que o sujeito tomasse o comprimido na hora, quando o recebia.

O problema da maleita era sério. Depois se descobriu que, jogando BHC nas paredes das casas dos trabalhadores, acabava-se com a doença. A maleita era sistêmica: borrifando as casas, matava-se o mosquito transmissor e a probabilidade de contrair a doença passava a ser zero. Mesmo assim, houve época em que aconteceram surtos de maleita em fazendas próximas à Codeara, porque as mulheres se trancavam em casa quando vinham os dedetizadores da Sucam, que percorriam a região de bicicleta. Faziam de conta que não estavam e eles tinham de ir embora.

Erroneamente, reconheço, começamos a abrir a floresta pelo rio. Amigos meus disseram que eu devia ter começado a derrubada lá no meio do mato. Só mais tarde chegou trator, de balsa, pelo Araguaia. Um deles, um Komatsu, equivalente ao D-9, pesava quase 30 toneladas: o barqueiro, muito mal aparelhado, não tinha âncora. O motor parou, o rio levou tudo para a barranca, bateu e o bichão foi para dentro d'água. Sassaki teve de virar sueco para conseguir tirar o trator do fundo do rio. Com a chegada das máquinas, o trabalho ficou mais fácil. O desmatamento começou a ser feito com dois tratores, puxando o correntão.

E o capim das pastagens? Quando pousei pela primeira vez em Santa Terezinha, o único que havia lá era o jaraguá. Em seguida levamos o colonião, usado em toda a ocupação em São Paulo e no norte do Paraná. No Mato Grosso, esse capim subia a mais de 3 metros de altura. Quando vimos aquilo, achamos uma beleza, parecia Shangri-Lá. De cima de um caminhão, José Norberto Silveira, aquele mesmo que perdeu o olho no confronto com a turma do padre Gentel, disse: "Doutor, se o senhor ficar parado olhando esse capim, vai vê-lo crescer." Depois de qualquer seca, começava aquele sol bonito e a chuva criadeira. Quando a gente olhava o capim de perto percebia mesmo que algo se mexia, era uma pujança fantástica. No entanto, viemos a descobrir que o colonião vicejava, mas não agüentava o pisoteio, não agüentava isso, não agüentava aquilo, não dava suporte. Colocávamos o gado, o gado comia tudo e o capim sumia.

Em seis ou sete meses do ano, no Mato Grosso chega a chover 2 mil milímetros. Se a grama deixar espaço, as chuvas torrenciais provocam a erosão laminar. Sem suporte alimentar, o capim fracassa. O colonião é muito exigente e a terra no Mato Grosso não é nenhuma maravilha. Precisávamos de um capim capaz de se desenvolver num solo com menos nutrientes.

Não foi só isso. Quando a gente coloca uma planta estranha, ela começa a competir com as outras do lugar. À medida que o colonião enfraquecia, a vegetação autóctone, que ficava em estado latente, crescia como o diabo, tomando o terreno de volta. No Mato Grosso esse mato, conhecido em São Paulo como capoeira, se chama juquira. Vinha também no meio dessa praga o cafezinho, a chamada "erva tóxica", que em 1970 nos fez perder 11,5% do rebanho. Os bois caíam um a um, como se estivessem levando tiro. Se ficassem parados, não haveria tanto problema. Mas o gado, quando se movimenta, provoca maior circulação sanguínea, espalhando o veneno ingerido.

Essa fase foi duríssima. Depois de descobrirmos por que o gado morria, tivemos de arrancar a erva tóxica do pasto, cada pezinho, um por um. Tudo isso a um custo altíssimo. Não reclamo. Afinal de contas, recebemos o incentivo fiscal para ir lá. Porém, levamos 18 anos, com toda assistência técnica, só para descobrir o capim adequado para a conquista da Amazônia. Por fim, chegamos às braquearas, as mais competentes, por uma razão. A braqueara não cresce para cima: alastra-se por baixo da terra, formando uma espécie de capa. Por isso, extrai mais nutrientes da terra pobre e inibe o crescimento das plantas nativas.

Existem três tipos de braqueara: a decumbes, a umidícula e a brisanta. Primeiro plantamos a decumbes, à vontade. Do dia para a noite estávamos com 5 mil cabeças de gado no meio da estrada, sem um pé de capim. A decumbes é bastante sujeita a ataque de cigarrinha, o *spit bug*, inseto que deve seu nome ao fato de parecer uma cuspidinha. A maldita suga toda a seiva do capim, deixa-o seco. Não fomos os únicos a cometer mais esse engano; todos os outros vizinhos o cometeram. Tivemos de ir tocando o gado até Barretos, no interior do Estado de São Paulo, para arrumar pasto. Uma coisa de louco.

No final, ficamos com a braqueara brisanta, que resiste mais à cigarrinha. Claro, nada é imune. Em algumas variedades de plantas, porém, a ação do *spit bug* é menos fatal. A brisanta acabou se firmando. Sem ela, a Amazônia estaria perdida. Dividimos a Codeara em duas fazendas: a Santa Terezinha e a BCN. Somente na segunda, com 40 mil hectares, formamos 20 mil hectares de pasto até 1978. Tínhamos ao todo vinte retiros, com mais de duzentos peões.

Foi um esforço hercúleo, desproporcional com os resultados. Apanhamos, e pioneiro tem de apanhar mesmo. No entanto, o trabalho desbravador estava feito. Cumprimos as metas do projeto, nosso compromisso com o incentivo fiscal. Ali começou uma nova era no Brasil, cujos resultados hoje são a produção agrícola e pecuária, que já está gerando muita riqueza para o país. Deixamos, também, uma série de experimentos que servem de exemplo e orientação para a ocupação da Amazônia, alguns dos quais ainda são completamente válidos, embora tenham me custado muita dor de cabeça.

13 Tentativa e erro

Num belo dia de 1975, eu estava na beira do rio Araguaia, quando vi passar uma balsa cheia de tucura, como se chama no Mato Grosso o gado de pouco valor. Estava indo para Vila Rica, projeto de colonização ali perto, do Rubens Peres, cujo núcleo era a pequena cidade de Vila Rica, à beira na época da futura BR-158. Eu nunca quis entender de boi, mas percebi que, se não melhorássemos o gado da região, estávamos perdidos. Eu não era muito técnico, nem era o caso, mas havia gente que dizia ser a hora de fazer inseminação artificial. Concordei. Em São Paulo, contei a história aos meus irmãos. Eles queriam me mandar para o Juquiri numa camisa-de-força. "Ficou louco?", diziam. "Se na beira do asfalto a inseminação já é complicada, como você vai fazer isso lá?" Pois lá é que daria certo, insisti. E era verdade.

Lan estava comigo no primeiro dia de inseminação das vacas. Ele disse: "Elas estão tão desesperadas que você vai ter de lhes arrumar um analista." Quando meu amigo soube como se tirava o esperma do touro, com um choque no ânus, nos chamou de "bárbaros".

O gado que comprávamos era nelore, muito bom. Depois de termos iniciado a inseminação, apareceram, como de costume, as famosas boas idéias. Depois de muita conversa e discussão, resolvemos cruzar gado indiano (nelore) com gado europeu. Já se falava em cruzamento industrial, que era o cruzamento de raças capaz de dar um produto precoce. Com bons cuidados e comida, por volta de 24 meses, ou até menos, o gado podia ser abatido. Iniciamos então o período de cruzamentos: a princípio, inseminamos as matrizes nelore com sêmen de touros da raça italiana marchigiana — gado de corte de crescimento rápido, bom ganho de peso e produtora de carne de boa qualidade. Em zootecnia, os produtos deste cruzamento são chamados de F1: animais com 50% de sangue Zebu (nelore) e 50% de sangue europeu marchigiana, de boa conformação, rústicos e muito precoces.

A partir daí, continuamos o cruzamento das fêmeas F1 com touros zebu-nelore. Assim, nasceram os animais F2 — com três quartos de sangue zebu-nelore e um quarto europeu (marchigiana) F2. Nas fêmeas F2, colocamos sêmen de touros da raça chianina — uma raça italiana de corte, de crescimento rápido, produtora de carne, apreciada pela coloração, boa consistência, ótimo sabor. Na matança, dá rendimento de 54 a 61%, conforme a idade e o acabamento. Nasceram então animais F3, com cinco oitavos de sangue europeu e três oitavos de sangue zebu.

Esses animais, após uma severa seleção, por meio de pesagem e característica genotípicas, foram acasalados entre si. A este produto deu-se o nome de raça codeara, da qual ainda mantenho um plantel. São excelentes produtores de carne de boa qualidade com boa resistência ao calor, grande rusticidade, precocidade acentuada e bom ganho de peso. Boa parte deles hoje é usada pelos criadores da região para reprodução, o que contribuiu para melhorar as características raciais de todo o gado da região. Foi mais uma grande contribuição da Codeara, graças ao pioneirismo da inseminação artificial na região.

A RIQUEZA DA VIDA

O gado cruzado, sem dúvida, dá muito mais resultado. A Suiá, que foi vendida para a Liqüigaz, tinha muito marchigiano, o que não é uma boa política: você não pode levar para a Amazônia gado europeu puro, porque ele não suporta. Aquele famoso boi americano, o brahma, é uma mistura de muitas raças. Aprendi numa de minhas viagens aos Estados Unidos que um brahma chega aos 525 quilos, ideal para tamanho de corte aos 17 meses, em confinamento. No boi de cruzamento industrial a carne fica boa mais cedo, é mais tenra e você gira mais rápido o estoque. Além de ser muito mais precoce do que o puro, o boi cruzado tem uma carne na qual a marmorização — entremeação entre carne e gordura, tão importante — é mais adequada. No caso do gado codeara, a carne não é tão seca quanto a do nelore, nem tão gordurosa quanto a do gado europeu.

A inseminação e o cruzamento visaram buscar essa produtividade, ao menor custo possível. Pioneiros nesse tipo de coisa no Araguaia, chegamos a inseminar, num único ano, 11 mil matrizes — uma loucura. Dávamos curso de inseminação para os peões. E lutamos contra uma série de dificuldades, principalmente de pastagem. No inverno, quando acabavam as águas, os fazendeiros levavam o gado para pastar na ilha do Bananal. O pasto tinha pouco valor nutritivo, é daquele capim chamado de canarana, não é nenhuma maravilha, mas não havia outro.

A ilha do Bananal, com 2 milhões de hectares, é a maior ilha fluvial do mundo. Reserva ambiental desde 1959, hoje pertence ao estado do Tocantins. Até 1989, as pastagens nativas da ilha no período seco eram utilizadas pelo rebanho de criadores vizinhos dos estados do Pará, Mato Grosso, Goiás e principalmente do Tocantins, mediante o pagamento de uma taxa à Funai. Depois deste ano, acionado pelo Ibama, o Instituto Público Federal proibiu a introdução de gado na ilha, por meio de uma ação civil. No início, porém, o gado entrava na ilha pelo sul, próximo a São Miguel do Araguaia, atravessando o rio Javaé, na época da seca, sem necessidade de balsa. Os peões tocavam a boiada na ilha por vários dias. Como não havia estradas, estas vacas, após a engorda, eram tocadas até o outro lado da ilha, onde eram embarcadas em caminhões para o frigorífico mais próximo.

Como não havia na região criadores de gado selecionado, principalmente nelore, comprávamos animais onde houvesse, mais perto — Goiás, Minas Gerais. Certa vez, arrematamos de uma só tacada 1.500 cabeças de gado registrado, que foi a pé de uma fazenda goiana até a Codeara. Com Rolim, que já era piloto da Codeara, sobrevoei a boiada, que estava na ilha. Bonito. Parecia que estávamos voando em cima de uma fotografia: lá embaixo as vacas pareciam pedrinhas brancas.

Como a mineralização é o item mais pesado do custeio do rebanho, trocamos as fontes de fósforo. Com isso, reduzimos nossa despesa pela metade. Só que os vendedores de produto diziam que esse tipo de fosfato produzia um problema de flúor: o osso do gado ficava poroso. Fizemos com a Embrapa a biópsia dos animais, nunca constatamos nada. Foram dois anos de pesquisa para provar que tínhamos razão.

É claro que todo o esforço de implantação da Codeara não valeu a pena em termos financeiros. Ela nunca deu dinheiro, porque estava sempre no processo de pioneirismo, de investimento. Não se pode considerar investimento como despesa, é uma das poucas coisas em que os economistas têm razão. Se você for fazer uma estrada nova, é investimento. Se for consertar uma estrada velha, é despesa. É como reformar sua casa. Você gasta e não agrega valor. E tivemos de fazer muitas vezes a mesma coisa.

Esse foi o meu erro fundamental. Há três tipos de fazendeiros. Um é o que não inventa. Se você faz uma coisa de maneira primária, vai ganhar pouco. Outro tipo de fazendeiro é o que inventa e mensura o resultado. Se você fizer algo sofisticado e medir o que faz, pode ganhar bastante. O terceiro é aquele que inventa e não mede. Quem faz algo sofisticado, sem mensurar, perde o caminho. Era o nosso caso. Em qualquer coisa que você queira fazer, é preciso prever o resultado, justamente para poder corrigir rumos. Isso é o que faz você ganhar ou perder.

Na Codeara havia pouca eficiência. Nunca tivemos o supra-sumo do administrador, faltava alguém que ficasse com o umbigo encostado na cerca. Eu ia lá oito vezes por ano, e a 3 mil quilômetros de distância é difícil administrar. Mandava fax intermináveis, tentando explicar o óbvio. Por isso, costumo dizer que na próxima encarnação, quero sair da barriga da minha mãe já matando os veterinários. Eu queria que eles fossem o que nunca aprenderam a ser: administradores. Costumo dizer que administrar é o processo de descobrir no menor tempo possível quando você está sendo roubado ou fazendo besteira. A palavra processo significa tudo. E administrar processo, mais ainda.

O pessoal do campo não tem a menor idéia do que é administrar, nem tem noção de produtividade. É preciso fazer a conta de quanto gado, unidade animal, se põe num hectare, que idade ele tem, quanto vai ganhar de peso, nas duas épocas do ano, da seca e das águas. Você tem de vender o gado gordo para corte. A fêmea também tem de pesar um certo número de quilos para poder ser enxertada. Isso só se obtém com experimentos.

Mesmo com a ajuda técnica da Embrapa, com quem tínhamos ligação direta, a administração fracassava. O processo de recuperação de pastagens era primário e o solo se exauria. Se você não puser adubo de volta, o solo estaciona e depois entra em declínio. É um cachorro mordendo o rabo. Por isso, torna-se necessário administrar a adubação das pastagens.

Havia um método precário de recuperação de pastagens no qual se acreditava. Quando o terreno sujava, ou seja, no momento em que a juquira crescia, você passava dois tratores com a corrente para derrubar tudo e punha fogo. Plantava a semente, vinha aquele belíssimo pasto. Só que não havia suporte. Enquanto os "administradores" faziam isso por comodidade, paradoxalmente tínhamos um experimento para saber que tipo de adubação colocar nas várias partes da Codeara para melhorar a qualidade dos pastos. Os maiores craques da Embrapa participaram desse experimento e eu fui afetado. Fui descobrir, por conta própria, os erros dos quais a gerência devia ter me avisado.

Como recuperar aquilo? Era preciso recomeçar, adubar a terra, fazer rodízio. Mais — era preciso mudar a mentalidade do pessoal que cuidava da fazenda. Começamos uma parceria com o chefe do retiro. Os peões ganhavam o mínimo e participavam do resultado. Qual o resultado? Só faziam bobagem. Do ponto de vista teórico estava certo, mas na prática não funcionava. Isso é uma tese minha: exceto os engenheiros, não há mais ninguém que saiba fazer conta. Médico não sabe. Veterinário é um desastre. O agrônomo faz umas continhas, mas é um desastre também. A desgraça da vida de um empresário é ficar na mão de técnico.

Você vai perguntar: por que não mandei essa gente embora? Não precisei. Na medida em que se implantavam processos de administração, incluindo principalmente orçado e realizado, eles funcionavam como peneira para aqueles sujeitos que não sabiam lidar com a nova situação. Viam-se em desespero e pediam demissão. Mais tarde, quando saí do BCN e passei a ter mais tempo para olhar a Codeara, um deles ainda viria a me dizer: "O senhor nunca me cobrou desse jeito!" Claro, passei a cobrar melhor o orçado e realizado. Hoje chego a dizer que quando há mudança de programas envolvendo principalmente novas atitudes, isto tem de ser "orçado", posto no papel com etapas para cumprir, custo desse trabalho e data para realizar.

Hoje as coisas no mundo da agropecuária são muito diferentes. Antigamente, com mil vacas um fazendeiro mandava o filho para a Europa. Hoje ele não manda o filho sequer para a escola. Para ganhar dinheiro nesse negócio, tem de ser do ramo — e muito. A Codeara funcionaria bem se eu pegasse minha tralha e fosse lá para o mato, cuidar de tudo em pessoa: garanto que a história teria sido bem diferente. A única coisa que tenho a pretensão de entender um pouco é de administração. Mas não podia largar minha vida no banco e, depois que saí dele, com todos os negócios com que fiquei, tinha de assobiar e chupar cana. A pecuária exige muita atenção para dar dinheiro. Não é à toa que a famosa fazenda Anglo, dos ingleses, com presença no mundo inteiro, quebrou com uma dívida por volta de um bilhão de dólares.

Era difícil, mas eu gostava de ser pioneiro. Além da pecuária, criei dentro da Codeara outros negócios, dentro daquele espírito que eu achava ser a vocação do lugar. Fiz, por exemplo, uma mineradora, a Roncador, pensando no futuro, porque desde o início eu já previa que seria necessário calcário para corrigir as terras. Fica em Couto Magalhães, perto do rio Araguaia, no atual estado do Tocantins. A "domesticação" do cerrado só ocorreu há pouco mais de duas décadas, por meio de pesquisas realizadas pela Embrapa. O uso do calcário foi fundamental para a correção da acidez do solo, bem como do nível de alumínio, que inviabilizavam o desenvolvimento da agricultura na região Centro-Oeste. Por isso, só nos últimos anos a fronteira agrícola chegou àquelas bandas.

Tinha de tentar mais alguma coisa, e tentei. Assim foi também com a plantação de borracha. Tudo começou num fim de semana, no qual fui parar na beira do lago da hidrelétrica de Furnas, na casa de um falecido amigo meu, Marquinhos Mendes, o mais moço dos Mendes, da construtora Mendes Júnior. Ele tinha um amigo, Rubens Porto, que arrumara um financiamento a juro baixíssimo por meio do Probor, o Programa de Incentivo à Produção de Borracha Natural, criado em 1972. Com a mania do incentivo, eu queria entrar nisso também. Na segunda-feira estava atrás do negócio.

Até parece que tirei vantagens desses financiamentos, o que não é verdade: na ponta do lápis, também no caso da borracha, garanto que, no final, o governo me deve. Acabei gastando quinhentas vezes mais do que recebi de incentivo; o Probor também viraria "Pró-Bolso". No entanto, eu achava que a borracha era um grande mercado. Ainda é. Hoje produzimos no máximo 100 mil toneladas de borracha no Brasil ao ano e consumimos cerca de 300 mil. Ironia das ironias, o nosso país, onde é nativa a *Hevea brasiliensis*, importa borracha adoidado.

Para tocar o projeto, fomos à Embrapa. Lá encontramos o Eurico Pinheiro, talvez a pessoa com maior conhecimento sobre a seringueira aqui no Brasil, com uma vida inteira dedicada ao estudo dessa cultura. Ele nos deu toda assistência, embora tenha chegado um pouco tarde. Eu já comprara as mudas do Rubens, por sinal de péssima qualidade. No início de 1980, plantamos aquilo em mil hectares da Codeara reservadas para os seringais — mais tarde, chegaríamos a ter mais de 1.300 hectares. Como viemos a descobrir, no entanto, teríamos de enfrentar o imbatível *Microcyclus ulei*, um maldito fungo que prosperava devido às características climáticas da região. Na estação seca, ocorria um problema pior. Depois de cinco meses de sol, o solo esturricava. Abriam-se brechas na planta, onde outro fungo chamado *Botriodiplodia* entrava, causando muito estrago, enfraquecia as árvores. Qualquer ventinho e — pum! — elas caíam. Assim perdemos duzentas mil seringueiras, mais da metade do que havíamos plantado.

Eurico Pinheiro estudou uma dezena de variedades de plantio, enxertia e remédios contra o *Botriodiplodia*. Descobriu uma espécie de calda bordolesa, com penicilina e outros componentes, para acabar com o fungo. Começamos os experimentos. Primeiro testamos a forma de plantar, de modo que escondesse na terra a parte vulnerável do porta-enxerto. Depois, o espaçamento entre as árvores. Os clones, os tipos de muda. Mudamos também o sistema de trabalho. Fomos os primeiros a não ter mais empregados no seringal, só os de retaguarda. Comprávamos o látex do sujeito que sangrava a seringueira. Depois de oito anos, período que a seringueira precisa para crescer, começamos a produzir borracha numa fábrica artesanal. Aí o dinheiro do financiamento já tinha acabado, mas tiramos o chapéu e fomos adiante, como tudo na vida.

Os estrangeiros acham que sabem tudo. Levaram a *Hevea brasiliensis* para a Inglaterra, a Malásia, o raio que os parta, fizeram melhoramentos genéticos. Porém, nem todos os clones asiáticos, mais os que temos ainda lá na Amazônia, deram certo. Os especialistas da Goodyear também acharam que sabiam tudo sobre a Amazônia. Como o Araguaia passou a ser considerado região de escape do *Microcyclus*, eles vieram falar comigo. Fizemos, então, um projeto chamado Araguaia Hevea. Embora o seringal fosse dentro das terras de Codeara, formou-se uma empresa nova, na qual eram sócios a Goodyear e o BCN. Eles assumiram o comando e começaram a plantar seringueiras, numa área de 5 mil hectares. No papel, era uma beleza. Na prática, foi um desastre.

Como o pessoal da Goodyear veio a descobrir, havia no Araguaia outros problemas além do *Microcyclus*, tanto que eu já tinha lidado com eles no meu próprio seringal. A região não tinha essa vocação para a borracha que imaginavam. Para se ter uma idéia, ainda hoje São Paulo é o maior produtor de borracha do Brasil. As terras paulistas têm uma série de vantagens. Nelas, os mesmos clones utilizados no Araguaia dão muito mais certo. As pragas passam longe. É um lugar abençoado.

Fiquei de fora da gerência do negócio. Além das mudas, os americanos da Goodyear trouxeram da Malásia uns expatriados com muito pouca disposição de adaptar-se à realidade brasileira. Chegaram até querer mudar o horário de trabalho, como faziam na Malásia. Com o dinheiro que a Sudam liberava, fizeram uma casa de gerente com 600 metros quadrados de área construída. E uma vila para os funcionários que está lá até hoje. Pensavam que estavam em Kuala Lumpur, feito colonialistas do século retrasado, uma coisa horrorosa. O objetivo do projeto era plantar borracha para abastecer a fábrica da Goodyear. A Fordlândia, aquele projeto maluco no meio da Amazônia, que deu em desastre, torrou fortunas por causa do *Microcyclus*. Aquilo que se esperava, infelizmente, não aconteceu. Todos os experimentos que os asiáticos fizeram foram inúteis. Passaram por tudo o que eu já passara antes.

A borracha produzida era processada na Codeara, na fabriqueta rudimentar que fizéramos. O pessoal da Goodyear começou a reclamar da qualidade do nosso produto. Chamei um técnico que entendia daquilo, reformamos tudo. Gastei uma nota preta para modernizar a fábrica, quase meio milhão de reais. Quando terminei a reforma, os homens da Goodyear me disseram que a quantidade produzida não era suficiente, então não comprariam borracha de mim. Ficou lá a fábrica parada. Veja só o que é uma multinacional. Por isso, hoje não quero nem ouvir falar delas.

Devido a essa situação, tive de me associar a outra fábrica de borracha em Barretos, no interior de São Paulo, que andava mal das pernas, mas tinha maior capacidade de produção que a minha. Mais tarde, quando saí do BCN, meu irmão e o pessoal da Goodyear, todos uns medrosos, acharam alguém para comprar o projeto da borracha. Um diretor da Goodyear veio me dizer que tinham quebrado a cara. "Com a minha grana, João", respondi.

No cômputo final, a experiência com a borracha no Araguaia pode não ter sido um sucesso, mas os experimentos e os meus 1.300 hectares plantados estão lá, para quem quiser ver. Por causa dessas reviravoltas todas, me chamavam de "Doutor Pesquisa". Temos na Codeara pesquisa de 25 clones de seringueira, entre nacionais e orientais, que já estão produzindo. A Embrapa, nossa parceira, possui até uma estação metereológica dentro do nosso antigo seringal. Seleção de clones, tirar o clone do jardim clonal, colocar na seringueira, há quase vinte anos se faz isso lá. Eu inovei... Isso ninguém pode negar.

Francisco Conde, quando jovem.

Esta fotografia foi tirada em 1927. É lembrança querida, relíquia familiar cedida com carinho para ilustrar este livro. Nela, vêem-se o Sr. Francisco Conde e D. Rosalia com os filhos e genro. As jovens esperanças aqui retratadas, a educação no lar, a escola, o exemplo e o trabalho completaram-se plenamente no futuro, dando origem a uma organização social de grande respeito. Da esquerda para a direita: Pedro Conde, Mario Conde, Francisco Conde, Rosalia Iannini Conde, Michelina Grisi Candeias, Arlindo Conde, Catharina Nilda Conde Sandoval. Atrás: Alessio Conde, Antonio Grisi e Theresa Conde Grisi. Eu nasci mais tarde, em 1932.

Já nasci tio de duas meninas: Michelina, à esquerda, e Rosalia, ao centro.

Quando acompanhava, como vítima, meu pai nas suas idas às estações de água, em Caxambu.

Em 1949, com dois amigos do Colégio São Luiz.

Eu, à esquerda, com dois colegas da Politécnica: José Eduardo Dias Soares, ao centro, e José Marcos Konder Comparato.

Aqui, quando eu ainda tinha cabelos pretos...

Marcelo, com cerca de 9 anos de idade.

Corinne, entre 2 e 3 anos de idade.

Christian aos 4 anos de idade.

Família reunida na escadaria da frente da casa da Avenida Paulista, em 1976.

Linda e eu, com nossos filhos Corinne, Christian e Marcelo.

Cerimônia de recebimento da Medalha Anchieta, em 18 de fevereiro de 1982.

Aqui, com o comandante Rolim, em 7 de abril de 1986.

Angola, em 1967, junto às presas de três elefantes.

Com meu amigo caçador David Ommaney, de cachimbo, em Iambiu, Sudão, em 1978.

Da esquerda para a direita: eu, José Maria Sampaio (presidente do Bank Boston), o então ministro Mario Andreazza e Lázaro de Mello Brandão.

Em jantar com Christian e Linda, nos raros momentos de folga.

Com o presidente Figueiredo.

Linda brinca com um guepardo quando paramos para abastecer o avião na saída de Angola com destino a Luanda, fugindo dos terroristas, em 1967.

Pose junto a um elefante grande e com nativos africanos (que não vão deixar nem um ossinho de lembrança...), em 1967.

Em Angola, 1967, com o guia Rubens Marx Jr. (à esquerda).

Caçada em São Gabriel, RS, em 1968. De boné e segurando um bando de perdizes, nosso hospedeiro Marcio Leitão; meu sobrinho Toninho Grisi, ao fundo, de perfil; e o grande amigo Gino Penco (com cigarro na boca).

Na Tanzânia, em 1972.

Em Botswana, em 1976, eu e Linda com uma palanca-negra.

Devido às más condições do ensino público, decidimos construir uma escola. À medida que o empenho da diretora e dos professores foi surtindo efeito, nos entusiasmamos e hoje a Escola Rosalia Iannini Conde é considerada de excelência, tendo ganhado uma unidade de laticínio do governo estadual, prêmio e equipamentos.

Com arquitetura de João Marques da Costa Neto, a capela da Fazenda Codeara foi inaugurada em novembro de 1998. Contém imagens de santos católicos do escultor Tati Moreno, mas seu espírito é absolutamente ecumênico.

14   O país da burrice dispensável

No governo João Figueiredo, início da década de 1980, eu ia muito a Brasília, por causa do Banco Central. Nessas andanças, vira e mexe encontrava o presidente. Esse negócio de ficar atrás de presidente da República é meio sem sentido, mas naquela época achava bom me dar com ele. Ficamos amigos. Por isso, eu sabia dos problemas que causavam a burocracia federal, o inimigo mais terrível que ele, mesmo dentro de um regime de exceção, poderia encontrar. Figueiredo vivia dando murros na mesa. "Eu não mando em porcaria nenhuma!", berrava. "Não tenho dinheiro, não dá para fazer nada!"

Eu, que já nasci injuriado, achava o fim da picada os presidentes só mandarem quando se cumprimentavam os canhões. Ministro, Figueiredo demitia. Contudo, se a turma de baixo não quisesse executar uma ordem, não adiantava. Todas as decisões emperravam no segundo e terceiro escalões. Esse pessoal era, na maioria, de canhota: esquerdinhas. Estava sempre contra tudo. Pior que simples burocratas, todos ali eram pau-mandado. Pelo bem do Brasil, era preciso acabar com aquilo. Por isso, eu quis perpetrar uma insurreição calada, à moda da Máfia.

Trabalhava comigo no BCN Homero Icaza Sanchez, quem mais conhecia o mercado de comunicação no Brasil, tanto que recebera o apelido de Bruxo. Trabalhando para a Rede Globo, tinha sido o responsável pela criação da imagem da rede, que na época era a do "Campeão de Audiência". Quando brigou com Roberto Marinho, fui buscá-lo para trabalhar conosco no banco. Homero escutava o que eu dizia e me ensinou que, para fazer direito uma insurreição, precisávamos de comunicação. "E ninguém faz comunicação no Brasil sem as rádios do interior", dizia. Então me veio a idéia de montar, mafiosamente, uma floricultura e um *bookmaker*. A floricultura, municiada pelo *bookmaker*, seria uma agência de notícias, coligada a rádios do interior, que produziria informações capazes de desestabilizar de maneira sutil esse segundo e terceiro escalões do governo federal.

Isso aí andou. Por meio da agência de notícias, íamos com a tesourinha de japonês podar toda aquela tralha esquerdista nos ministérios e repartições públicas. Convidei vários empresários para participar. Oliveiros S. Ferreira, jornalista e cientista político, uma das cabeças do jornal *O Estado de S. Paulo*, estava lá. Dava risada dos nossos encontros, porque era o único ali independente. Tornou-se meu colega de insurreição.

Foi feito o plano, mas ele acabou não indo adiante. O pessoal se encontrava no BCN. Era reunião, reunião, reunião, ninguém queria assumir aquilo. Todo mundo se pelava de medo. Um empreiteiro, porém, era o único realmente contra, porque dependia do governo. Dizia:

— Armando... Você é um homem bem-sucedido... Por que tem de ficar arrumando esse tipo de encrenca?

— Você diz isso porque mama nas tetas do governo — eu respondia. — Não quero privilégio, prefiro as coisas direito.

A RIQUEZA DA VIDA

Mesmo quando o governo federal decidia alguma coisa e a medida não ia adiante, eu insistia. Todos sentíamos na pele o que era a incapacidade do Brasil de fazer o óbvio.

Na Codeara, tínhamos o velho problema do transporte. Com 60 quilômetros de estrada dentro da ilha do Bananal, podia-se encurtar em 500 quilômetros o acesso de Santa Terezinha ao resto do Brasil, principalmente para o sul, evitando toda aquela volta que se dava lá por trás. O norte da ilha, porém, já tinha virado um parque de preservação da natureza, idéia que saiu da cabeça da dona Maria Tereza Jorge Pádua, diretora do departamento de áreas de proteção do Instituto Brasileiro de Desenvolvimento Florestal, o IBDF, antecessor do Ibama. Dona Maria ia para o Bananal, tomava seus banhos de sol, era mordida pelos mosquitos, gostava daquilo e fez o norte da ilha virar reserva ambiental. Pela Constituição, não se podia já naquela época abrir estrada em nenhum parque, exceto quando aprovado pelo Conselho de Segurança Nacional.

Um dia, encontrei o presidente Figueiredo:

— Presidente, preciso falar com o senhor a respeito de um negócio que não é difícil resolver. E é justo.

Expliquei para ele o absurdo daquilo. Havia todo o embasamento técnico para o projeto de uma estrada que passasse pela ilha, na prática algo muito simples. Bastava pegar uma patrola e fazer uma raspagem, já que a ilha é plana e pobre de vegetação. Para usar a estrada o ano inteiro, seriam feitas algumas elevações, de modo que ela não submergisse no tempo das enchentes. E só.

Figueiredo chamou o ministro-chefe do Conselho de Segurança, o general Danilo Venturini, e disse:

— Veja se aprova isso, porque me parece justo.

Saí de Brasília com a estrada aprovada.

Na época, existia aquela agência do Centro-Oeste, a Sudeco. Esta agência fez um edital e uma empresa ganhou a concorrência pública para fazer a tal estrada. A Maria Tereza fez escândalo. Disse que iríamos destruir a ecologia na ilha. Fui ao Instituto de Pesquisas Tecnológicas, o IPT, na Universidade de São Paulo, para provar que a estrada só traria benefícios para os bichos e não daria qualquer problema. A ilha ainda era ocupada por 130 mil cabeças de gado, então não seríamos nós a fazer ali algo que a conspurcasse. Quase não havia bicho selvagem lá. Percorri a ilha de cabo a rabo, achei só uma suçuapara, fêmea de cervo, e uns macaquinhos — mais nada. Os bichos escassearam porque na época da seca a ilha ficava muito povoada, de gente e de gado. Com muita gente, os animais silvestres sofriam muito.

Começaram a fazer a estrada. Naquele tempo, estava vivo o Juruna, o primeiro índio a virar deputado federal. Ele e outros caciques passaram a pedir favores para a empreiteira que tocava a obra. A estrada vinha de Goiás. Os trabalhadores fizeram 12 quilômetros dentro da ilha. Aí os índios colocaram arame-farpado no caminho e disseram que, se a obra passasse dali, poriam fogo nas máquinas. O empreiteiro, cujo contrato contemplava o pagamento pelo governo de horas de máquina parada por motivo de força maior, acabou o contrato fazendo somente os 12 quilômetros. Quando passei lá de jipe, para ver como tinha ficado a obra, depois de paralisada, os índios ainda me cobraram pedágio.

Depois que o Ibama e a Polícia Federal tiraram todo o gado da ilha, a possibilidade de se fazer uma estrada lá se tornou ainda mais remota. Com a diferença de que agora os índios a querem. Como eles não podiam mais pescar comercialmente e perderam o dinheiro da Funai, que quebrou, perceberam, talvez graças a nós, que ali poderiam cobrar pedágio.

Um dia, me deram o título de cidadão de Santa Terezinha. Sem estrada, ela continuava a ser uma cidade de fim de linha, sem possibilidade de evolução. Vários vereadores que estavam ali trabalhavam nas áreas colonizadas de Vila Rica. Oriundos de Santa Catarina, todos tinham cara de alemão. A câmara municipal não era maior que um quarto de hotel. Um deles me perguntou: por que vamos fazer a estrada da ilha, se podemos melhorar a estrada que já está passando aqui, a BR-158? Eu disse, então, que essa rodovia federal era uma ficção de muitos quilômetros, enquanto no Bananal só precisávamos de 60 quilômetros de estrada. E do outro lado do rio já havia asfalto. Economizaríamos uma barbaridade. Burramente, nessa época nem se falava na hidrovia do Araguaia. A desgraça da estrada neste país tinha acabado com o transporte mais lógico, que é o marítimo, a hidrovia e a ferrovia. Miseravelmente, era a realidade, que até hoje perdura.

Há duas categorias neste mundo às quais se atribui mais valor do que realmente têm: o economista e os ecologistas. Nenhuma tem qualificação para fazer o que se propõem, mas acabaram mandando no mundo. Não temos Rodoanel, aquelas rodovias circulares que tiram o tráfego pesado de dentro das capitais, por causa desses ambientalistas. No entanto, isso é algo comum no mundo inteiro e, além de facilitar a vida de todos, ajuda a despoluir os grandes centros. Será que ninguém pensou que o custo da poluição provocada por todos os veículos parados nas marginais de São Paulo é muito maior que o "benefício" de conservação de algumas árvores, a maioria de mata secundária, aquela que se desenvolve depois da supressão da mata original? Outras obras, como a duplicação completa da Régis Bittencourt, a rodovia da morte, de São Paulo a Porto Alegre, foram paralisadas por causa dessas idiotices.

Assim não há país que ande.

Só de pensar em tudo o que tentei na ilha do Bananal dá cansaço. Essa história me aborreceu tanto que desisti completamente. Apesar disso, a idéia da estrada continua válida. Hoje, com a maquinaria que os plantadores de soja têm, fariam a obra rapidamente. Contudo, às vezes penso que, para isso ir adiante, seria necessário estarmos em outro país.

Pouca coisa se faz realmente de bom no Brasil, em especial nos aspectos sociais. Um grande momento histórico foi, sem dúvida, em 1964, a criação do Fundo de Garantia por Tempo de Serviço, o FGTS. Roberto Campos, então ministro do Planejamento, e Octávio Gouvêa de Bulhões, da Fazenda, instituíram esse fundo, que resolveu o problema. Com ele, funcionário e empresa contribuíam e, em caso de demissão, o funcionário tinha o direito de receber aquele dinheiro, com juros e correção monetária. Foi a primeira medida que realmente devolveu o respeito ao trabalhador.

Antes, com dez anos contínuos de emprego, o funcionário de qualquer empresa ganhava estabilidade. Veja o que a demagogia conseguia fazer: como poucos empresários queriam ser obrigados a permanecer com um funcionário pelo resto da vida, depois de nove anos de trabalho o demitiam. Só na cabeça do senhor Getúlio Vargas e seus seguidores, que implantaram essa lei absurda, isso podia se chamar de justiça social. Ainda tem gente capaz de dizer que Getúlio foi o primeiro presidente a ficar do lado do trabalhador. Bobagem. Graças à mistificação das suas leis trabalhistas, elas duraram mais de três décadas, até meados dos anos 1960. Contudo, ele só enganou o operário. Deu uma lei ao bancário segundo a qual ele só podia trabalhar seis horas por dia. Para contornar esse problema, os bancos contratavam funcionários com duas horas extras para completar oito. Então a Justiça do Trabalho disse que aquilo era habitualidade: ou incorporávamos esses rendimentos ao salário ou parávamos. Assim, o sujeito continuava trabalhando seis horas, mas tinha de ter dois empregos.

A segunda grande medida para o Brasil foi a independência dos ministérios públicos federal, estadual e municipal. O Ministério Público, onde estão muitos jovens, já teve oportunidade de provar que não é como antigamente, quando as denúncias arrefeciam, dependendo da influência política ou monetária do denunciado. Há muito que fazer, mas já se conseguiu chegar ao ponto de colocar juiz e deputado na cadeia, algo impensável no passado.

Tudo no Brasil é mal administrado, mal coordenado. E a política é uma piada. Meu velho e bom amigo Lan conta uma história bastante ilustrativa do que é este país. Em 1964, em pleno golpe militar que derrubou a democracia no Brasil, ele teve de ir visitar um amigo no hospital, no Rio de Janeiro. Pegou um táxi. Na avenida Rio Branco, havia um tanque na frente. Fechou o sinal, o tanque parou, respeitando o tráfego. Aqui, nem revolução se leva a sério.

Ainda com relação à safadeza e a incompetência, deixo registrada minha total repugnância em relação à falta de atitude do (des)governo com relação aos acontecimentos que já aconteceram há anos aos militantes do MST e assemelhados.

Pode um movimento social (que não é) justificar tudo que está sendo feito para desestabilizar todo o sistema produtivo de agronegócio?

Pode o Brasil se dar ao luxo de "ver nas nossas barbas" o despudor e a safadeza acontecerem onde todas as instituições — polícia, justiça, cidadania, executivo, legislativo — estão sendo simplesmente jogadas no lixo?

Por que será que a população não exige que se apure qual o resultado prático, social, econômico de "assentamentos" feitos até hoje?

15 O mais carioca dos italianos

O eterno jovem Lanfranco Vaselli, meu grande amigo, com seu nome de nobre, tem lugar de honra na minha galeria de doidos maravilhosos. A sogra do Lan, dona Carmem Marinho, mãe das irmãs Marinho e minha mãe-de-santo, me proibiu de brigar com ele. Brigamos muito, porque ele, como bom e ótimo artista, sempre viu o dinheiro de uma maneira que só os artistas vêem. Nada de muito prático e — o principal — dificilmente acabam vendendo o que produzem. Vivi dizendo que ele tinha de faturar todo o prestígio que tem no Rio de Janeiro, onde sempre foi meu professor.

Temos muita coisa em comum, a começar pela origem italiana. Lan diz que a única frustração matrimonial que tem é que o casamento dele deu certo. Está casado há mais de quatro décadas — assim como eu — com Olívia. Adora as mulatas, tema constante dos seus desenhos, com aquele traço inconfundível, de curvas voluptuosas. Ninguém desenha mulher como esse italiano.

Lan tem uma ligação umbilical com as mulatas, com o Brasil e o Rio de Janeiro. Publicou um livro chamado *As escolas do Lan*, sobre as escolas de samba carioca, assunto no qual é catedrático. O texto do livro é do Haroldo Costa, concunhado dele, casado com Mary, a mais velha das irmãs Marinho. Trata-se de outra figura fabulosa do Rio de Janeiro. Jornalista, historiador de música popular, produtor e diretor de shows, ator e escritor, já fez de tudo. Entre outras coisas, foi o protagonista da montagem teatral do *Orfeu da Conceição*, a peça do Vinicius de Moraes, e escreveu *Na cadência do samba* e *Salgueiro-50 anos de glória*.

Nascido em 1925, Lan veio ao Brasil pela primeira vez ainda criança. Gostava de música popular desde os dez anos de idade. O pai dele era músico: tocava oboé na Itália. Foi indicado ao maestro Toscanini, quando este formava a Orquestra Filarmônica de Nova York, mas perdeu a oportunidade, porque o pai o obrigara a trabalhar em outra coisa e andava sem treino. Sua mulher, então, disse que não perderiam a oportunidade seguinte. A primeira oferta foi da Sinfônica Municipal de São Paulo, em 1930.

No Brasil, com 4 anos de idade, Lan teve uma babá, Zezé, que mudou sua vida. Por causa dela, ainda pequeno, passou a adorar mulatas. Quando seu pai foi contratado pela Sinfônica de Montevidéu, Zezé continuou mandando balas de coco para Lan e o irmão, sempre no aniversário dos dois. Perderam o contato em 1935, quando o pai de Lan foi contratado para a primeira formação da sinfônica da Rádio El Mundo, em Buenos Aires.

Lan gostava tanto de gente de outra cor que, quando o brasileiro Domingos da Guia estreou no Nacional de Montevidéu, num jogo contra o Peñarol, em 1933, tornou-se torcedor do time. Certo dia, ouvindo pelo rádio a luta de Max Schmelling, um alemão, com Joe Louis, um americano, torceu pelo Louis só porque era negro. "Meu filho, você está torcendo por um negro, contra a sua raça?", o pai perguntou, espantado. "Estou", ele disse. Foi o primeiro gesto de independência do Lan. E o pai respeitou.

A RIQUEZA DA VIDA

Lan passou a juventude no Uruguai. Planejando formar-se em arquitetura, por acaso descobriu que era caricaturista. Tinha um professor de química, daquele tipo sádico. O homem pedia as fórmulas químicas e, quando o aluno respondia errado, gritava: "ZERO!" E completava: "Vocês não podem imaginar o prazer que me dá distribuir tantos zeros. Quanto mais zeros vocês tomam, mais engraxates terei no futuro." Desenhando o professor, transformado de algoz em vítima, Lan descobriu sua vocação.

Ele diz que nunca foi tão bem pago quanto no tempo em que trabalhou para Evita Perón, dona de toda a imprensa argentina na época. Trabalhava em cinco revistas e dois jornais. Foi em Buenos Aires que namorou sua primeira mulata, que ficou na cidade durante a temporada de uma companhia de dança. Diz que ela tinha um pescoço de pintura de Modigliani, olhos rasgados, verdes, a pele daquela cor dourada. Namorou a moça três meses, até que a companhia de dança foi embora. Ficou inconsolável.

Trabalhou para dona Evita até que um dia resolveu passar o Carnaval do Rio, em 1952. E parou ali. Imagine um italiano, loirinho, acostumado a só ver brancos, chegando no Rio de Janeiro, aos 27 anos, vendo aquelas mulatas todas. Ficou louco. Com um convite de Samuel Wainer, voltou ao Brasil para trabalhar como caricaturista do jornal *Última Hora* de São Paulo, do qual se tornou um dos fundadores.

Recém-chegado, tinha ainda um certo "complexo de argentino", como ele o chamava: achava que apanharia se passasse cantada numa mulher. A sede da *Última Hora* ficava no vale do Anhangabaú. Nelson Biondi era o chefe da distribuição do jornal. Lan, então, fez com que Biondi prometesse levá-lo numa casa de mulheres airosas freqüentada por ele e a direção do jornal inteira, incluindo o próprio Samuel Wainer. Ficou na redação

• 141 •

até nove horas da manhã esperando Biondi e eles foram para um *rendez-vouz* perto da avenida Angélica, em Higienópolis. A cafetina estava de *robe de chambre*, fechando o estabelecimento.

— Quero uma mulher — disse Lan.

— A esta hora?

— A esta hora, sim. E tem mais: eu quero uma mulata!

— Não temos mulata aqui — a cafetina afirmou.

— Então perdi o meu tempo, vou embora.

Ela pediu para ele esperar. Havia uma vizinha do *rendez-vous* cujo marido não ganhava muito. Para arredondar o orçamento, ela de vez em quando fazia um michezinho. A mulher foi perguntar se estava disponível e ela apareceu. Lan ficou lá das nove e meia da manhã até as nove da noite. A mulher, uma mulata de rosto redondo, uma simpatia, fez comida para ele, cantou samba, o italiano se sentiu o próprio Vadinho, aquele personagem do Jorge Amado em *Dona Flor e seus dois maridos*. Na nossa época, quando você encontrava uma prostituta e ia com a cara dela, a primeira reação era fazer alguma coisa para que ela mudasse de vida. Éramos os salvadores das mulheres em dificuldade financeira. Como não tinha dinheiro para sustentar a mulher, Lan tentou lhe arranjar emprego. Foi ao jornal onde trabalhava e disse: "Preciso de um emprego para uma manicure!" Claro que causou espanto. No entanto, acabou conseguindo. Havia um diretor do jornal que lhe deu algumas indicações e ele empregou a mulher num salão de beleza.

Lan alugava um apartamento no edifício Mara, na rua Brigadeiro Tobias, no centro de São Paulo, onde ficava o Jardim de Inverno Fasano. A mulher passava com ele lá todos os sábados e voltava para casa domingo à tarde, dando ao marido a desculpa de que visitava a mãe. A própria mãe do Lan foi visitá-los, vinda de Montevidéu. Deu-se muito bem com a namorada do filho. Até recebeu dela, mais tarde, uma caixa de orquídeas.

A RIQUEZA DA VIDA

Um dia, no entanto, tudo acabou. Lan vivia com o bolso cheios de bilhetes da Aerovias, porque arrumara emprego também no Rio de Janeiro e estava sempre na ponte aérea. Certa vez, tomou um porre daqueles olímpicos no Nick Bar, famoso estabelecimento paulistano, próximo ao Teatro Brasileiro de Comédia, no número 305 da rua Major Diogo. O lugar era conhecido pelo seu piano, o pianista, que sempre acabava bêbado, o picadinho de carne e a freqüência, porque lá sempre aparecia gente da boemia e muitos artistas. Às cinco horas da manhã apareceu no Nick uma atriz belíssima, já muito famosa, cujo nome não podemos mencionar aqui, e que levou Lan para o seu apartamento devido ao estado em que ele se encontrava.

Resultado: eles passaram, trancados lá dentro, uma semana. Samuel Wainer chegou a mandar procurar Lan em todos os hospitais e delegacias da cidade, obviamente sem sucesso. Terminada aquela semana de reclusão total, a atriz foi para o Rio de Janeiro, onde declarou aos jornalistas que estava apaixonada. Disse que prometia não revelar o nome do eleito, num gesto de discrição, mas ao mesmo deixou escapar que era um "caricaturista italiano", ou seja, deu uma pista que não dava margem a qualquer dúvida, pois não havia outras figuras na praça assim caracterizáveis. A mulata adorada pelo Lan viu a notícia nos jornais, ficou possessa e o abandonou.

Seis meses depois, Lan recebeu um bilhete, na redação do jornal. "Ligar para dona Fulana, urgente." A mulher esculhambou o italiano pelo telefone, mas queria encontrá-lo. Jantaram e no jantar ela lhe deu uma fotografia do Carnaval paulista, nos anos 1930, onde Lan aparecia criancinha, com o irmão dele, ambos fantasiados de pierrô. Atrás, uma inscrição: "Lembranças dos queridos Zezinho e Franco."

— Isto só uma pessoa pode ter — disse Lan.

A mulher era filha da sua adorada Zezé.

No dia seguinte, Lan foi visitar a sua antiga babá. Nunca mais se desgrudaram. Mais tarde, quando se casaria com Olívia, Lan levaria a futura mulher para ser aprovada por ela, como se fosse sua segunda mãe.

Ele sempre adorou a vida e as mulheres. Na juventude, depois que abandonou seu complexo de argentino, tornou-se o mais carioca dos italianos. Certa vez, morando em São Paulo, avistou um apartamento do outro lado da rua onde vivia Adélia, uma mulata admirável. Com gestos, fazia-lhe sinais de que queria ir até lá. Ela respondia, puxando dois dedos embaixo do nariz, como se tivesse bigode, o que significava: "Tenho marido português." Ele não desistiu. Fez um grande cartaz, com o número do seu apartamento, que exibia seguido de sinais, para que ela descesse, subisse no prédio dele e tocasse a campainha. Ela parecia não dar bola. Todo dia, porém, o cartaz estava lá. Lan vencia as mulheres pela insistência.

Um dia, ela enfim concordou. Fez sinal para que ele subisse até o apartamento dela. Mas ele não entendeu os sinais direito. Lan subiu pelo elevador, tocou a campainha e atendeu a pessoa errada.

— Quem é o senhor?

Sem saber o que dizer, ele remexeu nos bolsos. Havia lá um cartão da tinturaria, que tinha vindo da lavagem com o seu paletó.

— Bom dia, senhora. Sou da tinturaria, eis o meu cartão.

— Que estranho, não chamei o tintureiro. Mas veio na hora certa. Espere um momento.

A mulher foi lá dentro, voltou e lhe entregou um monte de roupas para lavar e passar.

Quando Lan desceu ao térreo, a mulata estava a esperá-lo.

— Onde você andou?

A RIQUEZA DA VIDA

Diga-se, de passagem, que depois de subir ao apartamento da vizinha, ele foi à tinturaria levar a roupa suja, com o endereço de entrega e a cobrança.

Graças à sua ligação com as mulatas e o Carnaval carioca, Lan sempre teve uma ligação muito forte com o samba. Apaixonado pela Portela, sempre pertenceu à escola e conviveu com sambistas, compositores e gente desse mundo. Participava dos comitês que escolhiam o samba e que dirigiam o Carnaval azul-e-branco. Era também membro de júris, como o de músicas de carnaval no Maracanãzinho, na época em que a ex-mulher do Herivelto Martins, Dalva de Oliveira, cantava: "Bandeira branca, amor...." A mãe tinha vindo do Uruguai visitá-lo e estava lá, sentada atrás dele, na segunda fila. A certa altura, apareceu o Clóvis Bornay, famoso figurinista que atingia seu auge nos desfiles das fantasias de luxo do Carnaval. Clóvis entrou com aquelas roupas esfuziantes e no Maracanãzinho lotado a platéia delirava, gritando: "Bicha, bicha..." Lan virou para a mãe e perguntou se estava gostando do espetáculo.

— *Mama, ti piace?* (Mamãe, gostou?)

— *Ah, mi piace molto. Ma che prestigio di quello signore Bicha!* (Ah, gostei muito. Mas que prestígio tem aquele sr. Bicha!)

Nossa amizade começou em 1960, quando eu morava com Linda no apartamento da rua Manoel Dutra, no Bixiga. Zequinha Marques da Costa o levou em casa, saímos juntos e nunca mais nos separamos. Bebemos, nos divertimos e estamos sempre juntos. Sempre o admirei como homem e profissional. Lan se considera jornalista e caricaturista: se alguém chamá-lo de cartunista ou chargista é capaz de matar. Tenho a terceira maior coleção de caricaturas do Lan. A primeira é da União Brasileira de Compositores, com 85 desenhos.

Lan é um italiano doido, sedutor e anarquista. Por pouco não foi guerrilheiro em Sierra Maestra. Em 1957, um amigo argentino, que conhecia Che Guevara, o convidou para ir a Havana.

• 145 •

Naquele tempo não se falava ainda em comunismo em Cuba, era só revolução. Como anarquista, ele se entusiasmou. Estava de malas prontas quando conheceu Olívia. Como ele mesmo diz, nada o tira do caminho como a mulher. E Olívia o tirou do caminho revolucionário. "Fiquei apaixonado por uma mulata", dizia. "Vou deixar a revolução para depois." Com o casamento, passou a ser definitivamente carioca.

O espírito libertário dele, porém, permaneceu. Graças a isso, sempre foi um grande caricaturista político, embora diga detestar o assunto. Foi fundador da Prensa Latina, do Fidel Castro, no Rio de Janeiro. Mais tarde, isso pesaria contra ele, quando entrou o regime militar. Em 1964, durante o golpe, Lan fez no *Jornal do Brasil* a caricatura de um general diante do espelho. Não seria nada de mais, se a imagem refletida não fosse a de um gorila com cinco estrelas. O cônsul-geral da Itália em São Paulo, quando viu aquilo, lhe disse: "Você não acha que seria uma boa idéia tirar umas férias?"

Assim, ele foi "exilado" para a Itália. Lá, em busca de emprego, procurou o dr. Aldo Acete, que trabalhava na maior rede de televisão italiana, a RAI, dizendo ter sido enviado por um amigo do Haroldo Costa, seu cunhado.

— *E chi devo anunciare?* — perguntou a secretária.

— Lanfranco Vaselli.

Foi tratado como um rei, estava até estranhando. Quando saiu, olhou uma placa colocada na entrada da sede da RAI. Lá dizia: *"Questo é stato Donato dal Conti Giovanni Vaselli."* Assim, descobriu que seus antepassados também tinham sido grandes empresários, embora nem todos de reputação ilibada. Uma vez, no jornal *Il Messagero*, recortou uma reportagem dizendo: *"Fratelli Vaselli in priggione per stelionato."* Recortou a notícia e a mostrou aos familiares aqui no Brasil, dizendo: *"Guarda che prestigio abbiamo in Itália"*.

A RIQUEZA DA VIDA

Lan tem sido meu grande companheiro. Com a sua irreverência, ele diz que sou o único banqueiro honesto que conhece. Como odeia banqueiros, tendo a acreditar que acha isso mesmo verdade. Nunca fiz diferença entre as pessoas por causa do dinheiro, por isso ele mesmo afirma que é caso raro duas pessoas, uma com posses, outra tão tesa, se tornarem amigos. No entanto, Lan de igual comigo tem o gosto pela vida, e o fato de saber aproveitá-la, coisa que alguém só com dinheiro não faz. Aliás, conheci na boemia uma porção de gente que sabia fazer esse milagre: aproveitava a vida como ninguém, sem dinheiro nenhum. Como dizia Julinho Parente, que usava uns ditados caipiras: cavalo arisco se junta no pasto.

Depois de nosso encontro em 1960, eu via Lan em São Paulo até que ele se mudou para o Rio. Voltei a vê-lo com mais freqüência no Rio a partir de 1966 porque nesse ano havíamos comprado lá o Banco Delta, do José Luís Moreira de Souza, donos da Ducal e de muitas empresas cujos nomes começavam com a letra D. Eu ia para o Rio na terça-feira, só voltava na sexta. Um amigo em comum meu e do Lan, Paulo Brocá, o levou até meu escritório na travessa do Ouvidor. Nunca mais nos separamos.

Como Lan conhecia o Rio e o samba como ninguém, eu ia sempre atrás dele. Por causa do meu regime de viagens ao Rio, me apelidaram de Manduca Terça-Feira. Nesse dia, quando eu chegava de São Paulo, assim que ele saía do trabalho me encontrava no hotel. Chegava por volta das oito horas da noite com uma cara enviesada, queixando-se de dor de estômago, porque tinha de fazer suas odiadas charges políticas. Pedia leite, um leite horrível que se tomava no Rio nessa época. "Pára com essa besteira", eu dizia, "vamos tomar um uisquinho que assim você afoga a úlcera." Isso durou anos até que um dia ele foi obrigado a se submeter à cirurgia.

Nossos papos varavam a noite, apesar de nós dois sermos madrugadores. Para se ver livres, os garçons faziam uma barulheira danada, arrumando as cadeiras em cima das mesas e passando aspirador de pó quase em nós mesmos. Mas continuávamos, imbatíveis. Lan se mudou com Olívia para Pedro do Rio, mas mesmo assim nada interrompia nossos encontros, principalmente nos lugares aonde íamos escutar música. Às vezes eu antecipava minha viagem ao Rio para a segunda-feira, a tempo de irmos ao Teatro Opinião, onde muitas vezes encontrávamos Haroldo Costa com a mulher. Íamos a churrascarias com roda de samba, onde ele era sempre recebido como um rei. Certa vez, Walter Rosa, que fazia samba-enredo para a Portela, estava cantando com um conjunto numa daquelas churrascarias. Quando entramos, Lan na frente, ele parou a música e disse, solene: "Atenção! Atenção! Acaba de adentrar o recinto o nosso amigo caricaturista Lan e seu séquito." Olhei para trás e descobri que o séquito éramos eu e uma amiga.

Esse Walter Rosa era uma figuraça. Como muita gente sabe, compositor de samba-enredo gosta de falar difícil. Ele era um deles. Certa vez, estava participando de uma reunião na Portela, capitaneada pelo presidente da escola, que era o João Mendonça, conhecido como "Joãozinho Calça-Curta", de quem se dizia ser um sujeito de pouca fala e muita ação. No meio daqueles portelenses todos, Walter Rosa começou a discursar difícil, cheio de blablabla. O Calça-Curta tirou um "berro" das calças e depositou suavemente na mesa. Foi aí que o Walter, olhando o tamanho do revólver, encerrou rápido sua participação: "Um súbito cala a minha voz", disse, se pelando de medo, mas sem perder a pose.

Outro lugar aonde Lan me levava, pelo qual me apaixonei, foi a casa do Candeia, grande compositor de quem fiquei também amigo. Os músicos companheiros dele, a maioria de origem

A RIQUEZA DA VIDA

humilde, tinham de levantar muito cedo para trabalhar. Por isso, apesar do meu entusiasmo, as festas lá acabavam não muito depois da uma da manhã. Como já disse, virei músico frustrado desde que meu pai vendeu o piano de casa e meu instrumento ficou sendo mesmo a caixa de fósforos, que depois virou chocalho ganzá. Eu brinco, mas é verdade: não parava de tocar desde quando a música começava até o fim. Brincando ou não, Candeia me chamava de "Manduca do Chocalho". Foi, enfim, o meu bacharelado musical.

16 O mais carioca dos italianos, parte 2 (apêndice)

(Lan insistiu em gravar um depoimento a meu respeito, dedicado à nossa amizade, fortalecida e indestrutível depois de quase cinco décadas de convivência. Resolvi anexar suas considerações na íntegra, ressalvando que são exclusivamente de Lan, e o relato dos episódios que ilustram seu depoimento são totalmente fiéis ao que aconteceu).

"Minha amizade com Armando se deu pelo Zeca Marques da Costa, pedra fundamental desta nossa relação, na verdade uma figura totalmente irreal, um ET, um dos maiores doidos que conheci na minha vida, ao mesmo tempo em que dos mais brilhantes, dos mais inteligentes.

Sei que eu me dava muito bem com Zequinha; quando ia a São Paulo, muitas vezes, nas separações doidas dele com Renata, ficava com ele no anexo do Hotel Excelsior. Ele se separava, mas às quatro horas da madrugada ligava para a mulher e eles ficavam namorando até as seis da manhã. Nunca entendi isso. Zequinha adorava se separar para depois namorar ao telefone com a ex. Isso já basta para imaginar que tipo de porra-louca ele era.

Eu me lembro da noite em que conheci Armando. Tínhamos ido ao teatro TBC, ver *Memórias de um caixeiro-viajante*, peça a que eu já tinha assistido em Buenos Aires. A direção, do Flávio Rangel, me irritou tanto que eu pedi a Zequinha para ir embora no segundo ato. Zeca me levou então à casa de Armando, um simpático apartamento do Bixiga, com papéis floridos nas paredes e uma maravilhosa e bela dinamarquesa, a Linda, a sua mulher.

Depois disso, houve uma brusca interrupção, porque tive de me auto-exilar em função da 'redentora', o golpe que foi chamado de revolução de 1964. Fiquei dois anos na Itália, um em Paris. Na volta, encontrei Paulinho Brocá. 'Lan, você sabe quem está aqui no Rio de Janeiro, que acaba de fundar o BCN na rua do Ouvidor?', ele disse: 'Armando.' E foi assim que nos reencontramos.

Foi um período difícil, porque tinha de refazer toda minha vida no Rio, montar apartamento, arranjar emprego e tal. Voltei para o *Jornal do Brasil*, o meu jornal, onde, aliás, sempre procurei ajudar Armando, que sempre teve de aparar algumas arestas, como acontece com todo empresário-empreendedor. Não só por amizade, mas por convicção. Armando sempre foi empresário corajoso que acredita realmente em fazer coisas para o Brasil. Faço questão de que no livro seja reproduzido isso, ponham aí: é a minha opinião.

A principal dessas histórias foi a do padre François Gentel, que estava bagunçando o coreto lá na Codeara, e acusou Armando de estar fazendo exploração de trabalho escravo. Chegaram ao *Jornal do Brasil* 23 laudas de Walter de Góes, nosso correspondente em Goiás, a respeito dessa exploração. Passaram a mim essas páginas, sem saber que eu estivera lá na Codeara. Eu li, cortei umas vinte laudas. Mais tarde, chegou também um artigo do Casaldáliga, dizendo as mesmas coisas. Eu achava que o jornal não devia se comprometer só com um lado.

Na reunião de editorialistas, da qual eu fazia parte, o tema era esse. E todo mundo — doutor Otto Lara Rezende, Antonio Callado, Hélio Pólvora, Wilson Figueiredo — estava a favor do Casaldáliga. Tomei a defesa do Armando e expliquei que tudo isso que Walter Góes pegava pelo lado digamos, excessivamente da esquerda, era um empreendimento sério, por tudo o que eu tinha visto. Nascimento Brito não estava na ocasião. Quem presidia a mesa era Bernard Campos. E ele disse: 'Entre Casaldáliga e Lan, fico com a palavra do Lan.' Eu me comprometi a levar Armando para a mesa e ele explicou melhor ainda a situação.

Eu vivi o BCN como se fosse um maiores acionistas do BCN, embora, como costumava falar esse meu irmão, tenha sido muito pequenininho no coeficiente da voracidade. Minha conta lá sempre foi inversamente proporcional à amizade que tive com Armando. Nunca liguei muito para o dinheiro. Não há nada de positivo nisso. Ao contrário, trata-se de um dos meus grandes pecados. Como diz Armando, dinheiro precisa ser respeitado. Ele tem toda razão, mas levei 80 anos de vida para colocar isso em prática.

Armando me ligava tanto do banco que chegava às raias do absurdo. Uma vez, ele me telefonou dizendo que eu precisava ir ao Rio naquele dia porque estava chegando o presidente do Barclays de Londres.

— Armando, e eu com isso? — eu disse.

— Faço questão de que você o conheça, o BCN acaba de fazer uma parceria com o Barclays, um dos maiores bancos da Inglaterra.

Achei até graça. Quando comprei meu sítio na serra fluminense e dei de presente todos meus ternos, jurei que nunca mais usaria gravata, só roupa esporte. Fazia um tempão que não usava blazer. Falei: 'Vou achar um bonitinho e botar esse. Aí, eu vou.' Na hora da apresentação do tal presidente, coloquei a mão no bolso e encontrei umas bolinhas no bolso. 'Que bolinha é esta?', pensei. Tirei aquilo, cheirei e era naftalina. Na hora de apartar a mão do tal mister, ela estava com um cheiro de naftalina desgraçado. Quando Pedro, irmão do Armando, entendeu o que estava acontecendo, olhei para o inglês e disse: 'Essa é a maior prova possível de consideração pelo senhor. Eu não visto este paletó nunca para encontrar ninguém. A maior prova disso é esta bolinha de naftalina!'. Pedro ficou vermelho de vergonha, mas o homem caiu na gargalhada.

A Codeara do Armando era realmente algo de entusiasmar. A primeira viagem que fiz até lá, num Cessna pilotado pelo Rolim, foi inesquecível. O grande Rolim conhecia a Amazônia como poucos. Era a primeira vez que eu subia num monomotor. Quando vi que viajaria num bichinho daqueles, disse: 'Eita, ferrou!' Sentei ao lado do Rolim, como co-piloto; atrás vinham o Seixas e o Armando. A viagem dava um medo de lascar. O avião dançava no ar, mas dançava mesmo... Cada pulo, cada queda... E o Rolim ria. Fui me acalmando. Se ele, o comandante, estava rindo, era sinal de que estava tudo bem.

Aterrissamos na Codeara e foi aquela surpresa. Estávamos em 1967; embora o Armando tivesse comprado aquilo dois anos antes, era tudo ainda muito primitivo. O tal do trabalho escravo não era tão escravo assim. O empresário contratava o administrador, o administrador contratava o empreiteiro para desmatar, queimar e plantar o pasto. Só que o empreiteiro contratava o subempreiteiro, conhecedor de todos os bandidos da região. Porque na maior parte das pequenas localidades do interior da Amazônia, embrenhadas na selva, era tudo bandido, fugitivo da polícia, gente da pior qualidade. Lá no meio da selva não tinha televisão, puteiro, coisa nenhuma. Havia só barraquinha que vendia cachaça. Os caras se enchiam de cachaça, no final da semana estavam sem dinheiro, ficavam devendo e fugiam. Então, o senhor empreiteiro, tão bandido ou mais do que eles, ia atrás daquele pessoal na base do revólver e os trazia de volta para completar o serviço e pagar as dívidas deles com o trabalho. Esse era o processo que não ocorreu só na Amazônia, como na fronteira do Paraguai com a Argentina e Brasil, no plantio da erva-mate, onde os colhedores agiam da mesma forma.

Enquanto Armando trabalhava na fazenda, eu me dedicava a pescar no Araguaia com Sazaki. Passávamos a noite assim, era maravilhoso. Não vou contar as vantagens de pescador porque na verdade ninguém vai acreditar, exceto que pesquei cinqüenta tucunarés numa manhã.

Às vezes, o Armando me tirava daquele trabalhão. Entrávamos num ônibus rural e percorríamos a fazenda. Naquela época, tinha muita malária, lá chamada maleita. Uma vez, passando por uma choupana dessas de palha, um camarada com uma febre terrível, deitado numa maca, pediu ao Armando que tomasse providências. Olhei para a cara do Armando e ele não mexeu um músculo do rosto, não disse uma palavra. Demoramos três horas para voltar à sede. Sem dizer nada ao Armando, fui ao pequeno ambulatório que havia lá. Perguntei se havia chegado alguém.

— Sim, chegou aqui um rapaz, peão da reserva A, há mais de duas horas. Já está sendo medicado.

Foi um alívio muito grande, porque quando se é amigo de alguém você torce para que ele seja um cara legal e que tenha um pouco de sensibilidade. E Armando é um cara do cacete. Em italiano, diríamos que ele é um *burbero benefico,* quer dizer, um camarada que se finge de severo, ditador, e na verdade, ou no fundo, tem uma alma e uma sensibilidade angelicais.

Armando é um apaixonado do samba. Ele chegava às terças-feiras no Rio; na maior parte das vezes a gente ia ao Bistrô, onde estava o grande Helinho. Armando tomava belos pileques naquela época e fumava os cigarros dele e os meus. Eu não podia beber, porque estava com úlcera duodenal e pedia leite. E Armando: 'Que leite! Isso faz mal. O que você tem é cuca!' Pedia uísque e tenho de reconhecer que batia bem, nunca machucou, não.

Em 1972, fiz uma festa de aniversário na minha casa. Armando conheceu lá Paulinho da Viola. Depois, fomos ver o show dele numa boate e o Armando, que tinha aprendido a bater no copo com o isqueiro, como um agogô, estragou o espetáculo: Paulinho da Viola interrompeu a apresentação para lhe dar uma bronca. Ele adora samba, música popular, bossa-nova, totalmente influenciado pelo Zequinha Marques da Costa. Aprendi a gostar da bossa-nova muito depois, quando estava na Itália. Muito por causa do Tom Jobim, que era único, muito acima dos outros, apesar de ser considerado um bossa-novista. Eu sempre disse a ele que seria Villa-Lobos contemporâneo. E realmente ele acabou sendo até nome de aeroporto. Essa homenagem foi mais do que merecida porque Tom realmente foi um gênio.

Meu gosto musical, na verdade, se aproxima muito mais do samba ouro, do samba de raiz, do samba que reflete a verdade, a realidade da cidade do Rio de Janeiro, a crônica do subúrbio e do Centro. Nisso Paulinho da Viola é o máximo, uma expressão muito, muito particular. Não tem muito a ver com a bossa-nova, é outro estilo, apesar de ser muito melódico também. Ele se aproxima mais do samba de raiz, como Cartola, que mesmo sendo um sambista de morro foi poeta fora de série.

Candeia está na mesma faixa. Purista, como criador de escola de samba, compositor completo, tremendo partideiro e letrista fantástico. Levei o Armando para a casa dele um dia e o homem

• 156 •

ficou deslumbrado. Fizeram um ganzá e até hoje Armando conta vantagem de que o Candeia o chamava de Manduca do Chocalho, achava ele bom pra burro no ganzá. Candeia sempre foi uma pessoa muito gentil, muito bonzinho. Veja só, o Rei do ganzá!

Naquela época eu tinha um Fiat italiano. Passávamos pela Cidade de Deus, saíamos pela Barra e íamos direto para Jacarepaguá, atravessando terra de bandido, e nunca aconteceu nada com a gente. Tanto ele como eu temos uma proteção de nossos orixás que vou te contar. E nos subúrbios aonde íamos não era fácil. Candeia só reunia bambas na casa dele para Armando ouvir. Uma vez ele criou o Quilombo, escola para preservar realmente os valores da escola de samba com uma expressão pura, algo que hoje em dia não existe mais, desde que o carnaval passou a ser um espetáculo para turistas. Candeia pediu o apoio do Armando. Este, achando que era dinheiro, disse que estava à inteira disposição dele. Candeia, porém, respondeu: 'Eu não quero o teu dinheiro, quero o teu apoio de amor, de participação.' Ele era isso, foi o meu irmãozinho querido. Uma vez, ele disse ao Monarco, outro monumento do samba carioca: 'Lan é um branco que deu certo.'

Com Armando, é curioso: a gente discorda de tanta coisa, somos tão diferentes, e ao mesmo tempo somos tão amigos. Politicamente acho que nunca tivemos nenhum desacordo, simplesmente porque somos totalmente diferentes. Eu não discuto política porque em princípio, como dizem os espanhóis, acho que se há governo, sou contra. Até por formação profissional, como caricaturista que fui durante mais de trinta anos, não estou de acordo com esquerda nem com direita. Quanto ao Armando, eu o compreendo. Num mundo onde impera o capitalismo, que pode ser selvagem ou não, não se admite que um capitalista tenha pendores para a esquerda. Eu ultrapasso a esquerda, sou um libertário, uma forma mais suave de dizer que sou um anarquista nato, como todo italiano. Todo italiano discorda de tudo, pela própria natureza.

E acabo aqui este relato, porque devo estar ocupando pelo menos a metade do livro do Armando e ele deve ter ainda muitos outros amigos de quem falar."

17 Doidos brasileiros

Devido aos negócios, sempre tive de andar com um monte de engravatados. A maioria não deixava de ser chata. Quando viaja-se a trabalho, sempre há aqueles que querem levar você por obrigação para jantar e assistir àqueles shows que dão vontade de se esconder no subsolo. Uma vez, nos Estados Unidos, estávamos num lugar assim, quando um daqueles sujeitos viu meu ar de enfado. Perguntou se eu estava cheio daquilo, eu disse que sim. "Você gosta de jazz?", perguntou. "Eu gosto." "Na Terceira Avenida, está tocando Charles Mingus. Vamos embora?" Fugimos do jantar. O problema foi que levei dona Linda e mais um casal, que não paravam de falar. Peguei uma cadeira e sentei bem perto do palco para ouvir o homem. Mesmo assim, a conversa não parou, até que Charles Mingus também se encheu daquilo, depositou suavemente o contrabaixo no chão e foi embora. Não precisa dizer que se alma fosse sólida eu teria comido várias.

A pior coisa é levar gente que não fica calada para escutar música — não piano ou conjunto de bar, música mesmo. O resultado é funesto. Um senhor, chamado Norman Granz, dono da gravadora Verve, era fã da Linda, para não dizer apaixonado. Esse cavalheiro foi o empresário de tudo que existia de bom em jazz: Ella Fitzgerald, Duke Ellington, Sarah Vaughan e por aí afora. O Lido em Copenhague tem tudo, desde parque de diversões até música clássica, jazz etc. Ella Fitzgerald certa vez estava cantando lá e Norman convidou Linda para assistir ao show. Dona Linda não parou de falar o tempo todo e fiquei sem uma coleção de jazz feita especialmente para ela, porque o homem disse que não lhe adiantava dar aquilo se ela não escutava nada. Como casei com Linda, a amaldiçoei até hoje por não ficar calada quando tem de se escutar música.

Em outra ocasião, havia um sujeito que queria me emprestar dinheiro às três horas da manhã, no Hipopotamus de Nova York, enquanto as mulatas rebolavam no palco. Minha mulher me cutucava, dizendo: "Pare de falar de negócios e veja que lindas as pernas e o restante!"

Veja só a situação.

Claro que eu preferia a companhia dos meus boêmios. Farra de boêmio é bater papo ou pelo menos a primeira coisa é encontrar amigos para bater papo. O resto fica por conta de cada um. Mesmo depois da experiência com o Piccolomondo, eu e Julinho não nos separamos, muito ao contrário. Os casos do Julinho sempre foram acima de qualquer precisão. Um dia ele me contou que esteve num hotel na rua Augusta com uma pessoa e que quando foi embora se deu conta de que tinha esquecido lá a dentadura. A essa altura, já havia outro casal no quarto. Bateu na porta, pediu licença, entrou, foi até a cama e pegou a dentadura debaixo do travesseiro.

Com o passar do tempo, sem muito dinheiro e sem muita saúde, Julinho chegou a um ponto em que não podia mais beber, sob risco de morrer. Passou a ser controlado pela Beatriz, sua mulher, com a minha ajuda e dos amigos. Mesmo assim, ninguém lhe dava jeito.

A RIQUEZA DA VIDA

Certa vez ele saiu com um grupo de amigos, entre os quais estava Linda, para passear no Jardim Botânico, em São Paulo. Na volta, pararam num boteco, a pedido dele, para "tomar um café". Enquanto Julinho solicitava uma xícara ao funcionário, minha mulher foi ao banheiro. Quando voltou, pediu um gole do café dele.

— Não! — bradou Julinho.

— Como assim, não?

Então ela examinou o cafezinho dele, que tinha aroma de alguma coisa extra, bem mais forte.

Certa vez, às seis e meia da manhã, João Baptista Gelpi disse a Julinho que não ia dormir. Era o aniversário da morte do pai dele, tinha de ir ao cemitério.

— Vou com você — Julinho disse.

Às sete horas abriu o cemitério, eles entraram, rezaram um pouco.

— Você viria no túmulo do meu pai também? — perguntou Julinho.

— É claro.

Saíram andando, se perderam. De repente, Julinho pulou num túmulo, deitou e chorou feito um louco, rolando na poeira. Gelpi o abraçou, choraram juntos. Naquele instante, chegava um cortejo para o enterro de alguém. A cena era tão constrangedora que o cortejo mudou de direção, para desviar-se deles.

Posso entender Julinho perfeitamente. Uma vez, o Vinicius de Moraes explicou a Toquinho, seu parceiro musical, por que ele bebia tanto: "Entre a segunda e a terceira dose me comunico muito melhor com a humanidade." E é verdade, o álcool é uma maravilha para desinibir. Vinicius dava show abraçado com garrafas de pinga, uísque, bebia direto. Um amigo, que o conhecia bem, certa vez me contou uma história. Quando Vinicius decidiu parar de beber, já estava funcionando meio mal, mas não

• 161 •

perdera o bom humor. Quando esse amigo lhe perguntou do que mais o Vinicius sentia saudade, ele respondeu: "Ah, do jeito que eu ia ao banheiro."

Benjamim Pereira de Queiroz, certa vez, me apresentou outro amigo do copo, Tito, o Xerife, um delegado de polícia. Figura notável, nunca falava. Uma vez, estávamos com ele no bar do Hotel Jequitimar no Guarujá. O Xerife bebia, fumava e ficava quieto, com um palitinho na boca. Suspeitava já estar com o *delirium tremens*. De repente, chamou o garçom que passava.

— Aqui tem macaco? — perguntou.

— Tem um sagüizinho, sim.

— Ah, então me traga um outro uísque.

Entre meus amigos loucos, um dos que mais se destacavam era Toninho Nahas, Turco. Turco, como ele mesmo se intitulava, era importador informal. Uma vez, no táxi, quando estávamos no Rio de Janeiro, quando passávamos pelos prédios onde ele morava com a mulher, me contou que ela, uma *socialite* conhecida como Tetê, segundo seus amigos lhe disseram, estava enfeitando sua cabeça. Ele chegou em casa às 11 horas da manhã e encontrou lá um moleque pelado, de 15 anos, por aí. Ficou nervoso, o garoto também, então o convidou para tomarem juntos um uísque.

Em outra ocasião, fez a mesma coisa com um ladrão que entrou em sua casa, que ficava na alameda Campinas, nos Jardins, em São Paulo. Beberam, o ladrão levou suas coisas e saiu, também de pileque. Após o desenlace, voltou a São Paulo.

Antes preciso explicar: quem me apresentou Turco foi Lan. O italiano e eu fomos a uma exposição do artista plástico Clóvis Graciano, figura notável, casado com Aparecidinha, uma mulher maravilhosa e com filhos fora de série. Na saída, como todos fumavam, Turco pediu fogo e o raio do isqueiro produziu uma chama nas alturas. As sobrancelhas dele acabaram um pouco chamuscadas. Aos berros, ele disse para Lan: "Nesse grupo está faltando um bombeiro!"

Não posso deixar de contar que apesar dessa maneira de viver e encarar a vida, meus amigos eram extremamente competentes em suas profissões, desde que não se misturassem os ministérios, mesmo para aqueles que não tinham uma como era o caso do Julinho Parente, um dos meus maiores amigos.

Estou falando isso porque uma atração "magnífica" atraía os "loucos".

O pai do Flávio Coelho, Luiz Lopes Coelho, advogado de primeiríssima e boêmio da mesma maneira, às vezes em plena Barão de Itapetininga, rua chique, via Aparecidinha do outro lado da rua e corria em direção a ela, ajoelhava-se e aos berros dizia que não acreditava como uma santa como ela podia aturar um louco como Clóvis. Todos podem imaginar a cena.

Turco acabou vindo do Rio de Janeiro para São Paulo; tinha um apartamento que Lan freqüentava. Se sem enfeites ele já não batia bem, com os enfeites ficou um louco melhor. Resolveu dar uma festa com tudo, até traficante e moças do teatro rebolado, que recebiam cheques de admiradores, muitos deles assinados com batom. Segundo Lan, que não era muito do ramo, o apartamento tinha duas entradas, aonde os festeiros podiam se abastecer de mercadoria. Tudo numa boa. No fim dessa maravilhosa festa, o Turco telefonou para duas amigas. Quando ia sair do apartamento para encontrá-las, espiou pelo olho mágico e viu um elefante cor-de-rosa no saguão. Abriu a porta e chegou a colocar a mão na tromba do bicho. Dizia ele: "Armando, era gelada..." Só para provar que Turco era infindável, numa festa no estúdio de Linda, ouvi João Baptista Gelpi dizer: "Turco, conta uma piada para ver se eu consigo parar de dar risada..."

Certa ocasião, armaram uma para Turco que terminou com ele no xilindró da Polícia Federal em Higienópolis. Julinho, também grande amigo dele, o visitava diariamente para levar sanduíches e saber como estava. Quando Turco saiu da cadeia, fui vê-lo. Disse: "Armando, na próxima, quero ir para uma prisão em Carapicuíba..." E ficou quieto. "Por que em Carapicuíba?", perguntei. "A lista telefônica lá é bem fininha. Para tomar porrada com a lista de São Paulo é preciso muito mais preparo físico..."

Uma vez, convidei Turco para ir comigo ao Rio de Janeiro, no aniversário do presidente Figueiredo, em meados da década de 1980. Depois fomos a uma boate e voltamos para o hotel. Turco estava chateado, não tinha arranjado companhia e não conseguia dormir. Ligou a televisão. Naquele tempo, ainda não chegara a TV a cabo. Pegou o telefone para reclamar.

— Mas, meu senhor, são três horas da manhã! — disse a telefonista. — A essa hora não tem mais programação na TV.

— Mas não tem nem aquele shhhh...?

Além de Turco, eu estava sempre com outro ícone da boemia de São Paulo, que merecia uma estátua como um verdadeiro estadista da boa malandragem: José Paulo Mantovan Freire, Zé do Pé. Ele vivia no Paddock, que por certo tempo foi famoso como ponto de encontro da boemia, além de excelente restaurante. Não trabalhava nunca e se fingia de ignorante, falando com sotaque caipira, para ficar mais engraçado. Uma vez mandou um bilhete ao Mauro Guimarães, jornalista, então diretor da sucursal do *Jornal do Brasil* em São Paulo, pedindo dinheiro emprestado. Depois de receber o empréstimo, pediu o bilhete de volta, como se fosse um documento secreto.

— Se o pessoal ficar sabendo que sei escrever, estou perdido — explicou.

Em outra oportunidade, ele estava tomando uísque no bar do Paddock com alguns amigos quando viu, almoçando ali, o embaixador e banqueiro Walter Moreira Salles, do Unibanco. A certa altura, Walter foi ao banheiro. Para isso, tinha de passar pelo bar. Zé levantou e foi atrás dele. No banheiro, interpelou o homem.

— Doutor Walter, desculpe incomodá-lo. Eu sou Zé do Pé, um grande admirador seu.

— Pois não.

— Estou com uns fazendeiros de Goiás, disse que conhecia o senhor, que era um admirador seu, e eles não acreditaram. Se o senhor puder passar lá e me cumprimentar, eu ficaria muito grato.

Fez o pedido e voltou para o bar. Walter voltou para a mesa dele e Zé continuou com os amigos. Alguns tragos a mais foram tomados porque quando Walter saía para ir embora, cumprimentou Zé do Pé:

— Senhor José do Pé, como vai?

Ele, então, fez um gesto de aborrecimento.

— Pô, Walter, não enche o saco!

Zé passou uma temporada morando no Hotel Jaraguá, na rua Major Quedinho, no centro de São Paulo, ao lado do edifício onde antigamente ficava a sede do jornal *O Estado de S. Paulo*. Como não trabalhava, tinha de fazer milagres para pagar as contas. Quando concluía algum negócio, de repente pagava todo mundo.

No Jaraguá, Zé estava devendo já um bom dinheiro.

Quem arrendava o hotel era Tijurs, o mesmo do Conjunto Nacional, do Hotel Nacional no Rio e em Brasília, que lá pelas tantas, cheio com as contas do Zé, mandou dar um apertão no bicho.

Chamaram Zé na tesouraria do hotel e cobraram o que ele devia. Sempre malcriado, ouviu a quantia: oitenta e tantos mil cruzeiros, a moeda da época. Depois, disse rapidamente ao cobrador: "Me dá uma nota promissória." O homem, assustado, lhe deu a promissória. Zé pegou uma caneta e preencheu a quantia de cem mil cruzeiros. Jogou a nota promissória na mesa do sujeito e disse: "Agora me dá o troco."

Em meados da década de 1970, Mauro Guimarães estava na chefia da equipe do *Jornal do Brasil* que iria cobrir uma viagem do Ernesto Geisel a Paris e Londres, onde o presidente foi arrumar os chamados empréstimos-ponte para pagar a dívida externa.

Almoçando no Paddock, encontrou Zé do Pé.

— Chefe, como vai? — disse Zé.

— Estou indo hoje para Paris, vamos cobrir a viagem do presidente — disse Mauro.

— Ah, você vai para Paris? Eu também vou.

Claro que Mauro não acreditou. Porém, chegando a Paris, encontrou Zé do Pé bebendo e conversando no bar do mesmo hotel onde estava hospedado o príncipe de Gales, dos mais caros da cidade — claro que com dinheiro emprestado de alguém. Para fazer o tradicional discurso dos presidentes do regime militar no Dia do Trabalho, que não queria gravar e enviar via satélite, Geisel resolveu voltar ao Brasil, antes de seguir de Paris para Londres. Zé do Pé ligou para a mãe:

— Mãe, estou aqui em Paris, na França, com Geisel.

— Mas, meu filho, ouvi dizer que ele já está voltando para o Brasil.

— Mãe, ele gosta tanto de mim que vai voltar. Vamos nos encontrar em Londres.

E contava essa história para todo mundo.

Há uma história de Zé do Pé que acabou sendo "copiada" por ministros da Fazenda do Brasil e da Argentina. Os governos emitiram títulos públicos cujo valor de face era comprado com deságio no mercado antes de seu vencimento. Os ministros espertalhões queriam pagar pelos títulos só o valor do mercado.

Zé do Pé estava andando numa galeria na rua São Luiz quando viu um sujeito que olhava para ele de maneira estranhamente inquisitiva. Malcriado como sempre, perguntou:

— O que foi? Está me olhando só porque devo dinheiro a você?

O outro respondeu, já meio intimidado:

— É, Zé você me deve.

— Quanto?

— Pô, Zé! Você está cansado de saber que me deve vinte mil cruzeiros.

— Deixa por 15?

— Está bom, então, Zé. Fica por 15.

— Então a partir de hoje você só me cobra 15!

Mauro Guimarães tomava pinga uma vez por semana com o pessoal do PT, incluindo o senhor presidente Luís Inácio Lula da Silva, quando ainda era líder sindical. Lula, colega de trabalho de um motorista que tive, no tempo em que ambos eram torneiros mecânicos, só dava entrevista à mesa do bar. Era dessa maneira que as pessoas se aproximavam. Eu também tive amigos sindicais, arrebanhados na mesa de bar e no esporte mais popular do mundo: o futebol.

Quando estava no BCN, eu tinha um campinho na granja Viana, aquele condomínio perto de São Paulo. Joguei muita bola, inclusive com Zuza, o ex-governador de São Paulo, já falecido, Mário Covas. Flávio Coelho era da turma da Vila do Sapo, no Ipiranga. Levava o pessoal para jogar lá. Durante trinta anos jogamos futebol juntos na granja, nas quintas à noite e às vezes aos sábados à tarde. A mãe do Flávio reclamava. "Você só pensa em futebol", ela dizia. Ao que ele respondia: "Mãe, é mais barato que analista."

Nessa turma do Ipiranga estava também o presidente do sindicato dos Engenheiros da Eletropaulo, Airton Ghiberti, que depois foi para a Confederação Geral dos Trabalhadores, a CGT. Uma vez, ele me disse:

— Você precisa conhecer o Magri.

Ele então me apresentou Antônio Rogério Magri, de quem acabei me tornando amigo e admirador. O Magri tinha uma história fabulosa. Antes de se tornar presidente do Sindicato dos Eletricitários de São Paulo, trabalhara como abridor de valetas da Eletropaulo. Eu achava a história dele impressionante. Rasgava uma lista telefônica com as mãos. E, como sindicalista, Magri dava de dez a zero em todo mundo. Era um craque.

Por meio do Magri, conheci toda aquela turma que pregava o sindicalismo de resultados, incluindo Luiz Antônio Medeiros, também da CGT, e Aloysio Azevedo, cientista político, mentor deles todos. Era gente com quem se podia falar. Trabalhavam numa corrente mais coerente do sindicalismo, que buscava realmente resultados para os trabalhadores, sem a gritaria esquerdista da Central Única dos Trabalhadores, a CUT, ligada ao PT. Achei que devia aproximá-los dos representantes patronais. Fui eu que os apresentei ao Eduardo Rocha de Azevedo, o Coxinha, que então tinha fundado o Movimento Democrático Urbano, o MDU, e Ronaldo Caiado, da União Democrática Ruralista, a UDR. O almoço foi no restaurante Cacciatore, que funcionava numa propriedade que pertencia a família do Julinho Parente e que era o meu quartel-general desde o tempo em que o BCN ficava no centro de São Paulo, na Boa Vista.

Testemunhei também o que aconteceu depois com Magri. Primeiro, o irmão mais velho do então presidente Fernando Collor, Leopoldo, queria colocar na cabeça dele que Magri tinha de se candidatar a governador. Eu dizia que era loucura. Magri nadava de braçada no ambiente onde ele tinha se criado, mas longe seria engolido. Como conhecedor dos dois mundos, o do poder e fora dele, eu tinha certeza disso. Aí veio o convite para Magri ser ministro, quando Collor tomou posse, em 1989. Não mudei de opinião. Achava que Magri tinha uma contribuição muito maior a dar onde já estava.

— Vai ser muito simples — eu disse. — Vão fritar você inteiro, vão comer sua alma e, depois que acabarem com você, vão entregar para a sua mulher as suas cinzas num envelope por debaixo da porta.

Foi o que aconteceu. Magri quis ir para o ministério. Mesmo sendo contra, ajudei. Até paguei-lhe metade do valor da passagem para ir assumir o cargo, em Brasília — Rolim, que cedeu um jatinho da TAM, pagou a outra parte. Quando chegou ao ministério, ele viu que estava tudo tomado, os cargos preenchidos, não ia mandar em coisa alguma.

Depois Magri foi crucificado porque disse uma bobagem, inventou o tal "imexível", um neologismo, mas criticar esse tipo de coisa é de uma grande pobreza de espírito. Ele saiu do governo debaixo de denúncias de corrupção, nem sei se tinham fundamento ou não, mas um ex-valeteiro, ao ser levado àqueles píncaros, pode perfeitamente ficar meio abobado, é compreensível. O que Medeiros tinha de esperto, Magri tinha de puro. O culpado mesmo foi Collor. Foi ele que quis fazê-lo ministro, acaba sendo dele a responsabilidade. Como de resto foi também o responsável por todo aquele período negro da história brasileira. Para mim Magri continua amigo — como todos os outros.

18 As grandes idéias

Entre 1980 e 1986, comprei toda a parte dos sócios que tinham entrado no condomínio Roncador, aquele pedaço de terras que ao lado da Codeara completava a área comprada originalmente do Michel Nasser. As terras estavam lá há muito tempo, o Araguaia ficava muito longe e os investidores, mais ocupados com outras coisas, perderam o interesse naquilo. Com as terras do condomínio Roncador, registrei no Incra duas colonizadoras, para fazer nelas projetos separados. Um dos projetos não estabelecia limite de tamanho para os pedaços a serem vendidos. O outro era para ser dividido em lotes de até 25 hectares. Achei que venderia tudo, porque toda aquela região era de muita afluência, apesar de não ter transporte. A idéia era trazer gente de São Paulo e do Paraná, interessados em comprar as terras e pagá-las com a produção.

O loteamento não foi adiante. A fazenda Vila Rica, que começara a colonização antes, vendeu terras para gaúchos, catarinenses e paranaenses, fez o serviço direito. A base para essa colonização foi o incentivo do governo, que dava o CGF, o crédito para o produtor rural, um tipo de financiamento, e o AGF (Aquisição do Governo Federal), a garantia de aquisição do

• 171 •

produto financiado. Vendi também alguns lotes em 1986, porque com o crescimento súbito da renda no Plano Cruzado, que congelou os preços e aumentou salários, saía qualquer coisa. Chegamos a vender mais de cinqüenta lotes.

Tudo, no entanto, foi para o buraco em 1990, no governo Fernando Collor. A ministra da Economia, dona Zélia Cardoso de Melo, acabou com o AGF e qualquer outro tipo de incentivo. O governo matou o doente para não ter a febre. Do dia para a noite, abandonou todos os que tinham ido para o Araguaia. Os coitados ficaram no meio do mato, sem garantia de compra da produção. Esses agricultores viraram pecuaristas fracassados, e miseráveis, porque não ganhavam nada. Hoje produzir gado familiarmente é uma piada. Só sobrevivem, ainda assim com dificuldade, aqueles que como dissemos até são do ramo e com áreas compatíveis com as dificuldades.

Nesse pedaço de terras para colonização, o que não foi vendido acabou desapropriado em 1994 pelo Instituto Nacional de Colonização e Reforma Agrária, o Incra. Na região, mais de 1 milhão de hectares tiveram esse destino. Trata-se de um absurdo, porque não era terra improdutiva, e sim colonização, registrada no próprio Incra. Eu estava vendendo aquelas terras. Contudo, houve invasões. Os safados tinham primeiro invadido a parte do projeto onde seriam as pequenas colonizações. Em 1992, mataram cinco de nossos funcionários, que faziam a vigilância. Chegaram a esquartejá-los, para não deixar dúvida a respeito da sua selvageria. No final, a solução foi beneficiar o infrator. Diante da barbárie, cruzei os braços e falei: "E agora?"

Apesar disso, não desisti. Não adiantava você desapropriar aquela área, regularizar a vida dos invasores, sem dar condição de sobrevivência àquela gente. Pensei: se quiser colocar um camarada aqui neste fim de mundo, é preciso saber como ele vai viver. Vendo terra para um sujeito que não sabe nada; tenho de dar para ele um modelo. Claro, havia aí um pouco de idealismo da minha parte. Queria fazer o que o Incra deveria estar fazendo.

Já que eu tinha tanta ligação com a Embrapa, fui falar com Eurico Pinheiro, que nos dava assistência no seringal. Ele era também entendido em pimenta-do-reino e café. E me disse: "Lá, se você plantar café arábica, ele fica bonito, mas não dá grão. O robusta, sim. Além de bonito, dá grão e é um café gostoso de beber." Como orientador técnico, ele sugeriu que, para o nosso modelo de sustentação de uma família, fizéssemos o multicultivo, dentro de um sistema de minifúndio. Podem dar a esse sistema o nome que quiserem. Eu o chamei de "Sítio Padrão".

Em 1994, escolhemos uma família — marido, mulher e cinco filhos — de funcionários nossos, que ganhavam salário mínimo, para trabalhar no Sítio Padrão. Cedemos para esse pessoal todas as mudas e fizemos um acompanhamento. Hoje Claudionor Rosa Bernardo, o Dico, mais a esposa têm sete filhos. O mais velho, muito malandro, é o único que não gosta de estudar — o restante está na escola. Em 1994, Dico pediu para deixar de ser funcionário e se tornou arrendatário, pois tinha a intenção, com o tempo, de comprar a terra. Evidente que concordamos. Hoje, a família do Sítio Padrão vive daquilo que produz: seringueira, café, que está produzindo também, e pimenta.

O Sítio Padrão começou com 4 hectares. Depois foi para 6, e finalmente acrescentamos mais 20 hectares de pasto para búfalos. O búfalo aquático — não aquele africano, que é brabo — custeando, como fala o caipira, vira um cachorrinho. Não morre por nada desse mundo — nem com picada de cobra, porque o couro é grosso. Além das plantações, fiz uma doação de pastagem para Dico, de modo que pudesse criar o búfalo. Em pequena quantidade, ele é suficiente para uma família com oito pessoas. O animal se reproduz, que é uma barbaridade. Conseguir 80% de fertilidade no gado *vacum* é quase um milagre. O gado *vacum* precisa de cuidados mas específicos, já o búfalo é sem frescura, não precisa de muita coisa. Basta respeitá-lo: vacinar contra febre aftosa, dar o sal e ter alguns cuidados. Se fugir, até o boi vira baguá. O porco também. No mato, chega a nascer nele até presa. Imagine o búfalo. Nós hoje devemos ter alongados, quer dizer, que viraram fera, mais ou menos mil deles na área da Codeara.

Há 1 milhão de hectares na região do Araguaia onde se pode reproduzir o Sítio Padrão. Que beleza seria se tudo fosse dessa maneira. Eu queria que a família do Sítio Padrão chegasse à renda mínima, quer dizer, suficiente para aquele núcleo. O sistema foi implantado e funcionou. Enquanto o governo está por aí catando mosca, nós criamos um modelo para aquela região. O sujeito tem sua terra e, com a reprodução fantástica do búfalo, vende mais sete ou oito animais, uma bela renda adicional da atividade familiar.

Com 25 hectares desmatados e 25 de reserva florestal, você teria, implantando o modelo do Sítio Padrão no Araguaia, uma população de búfalos de duzentos mil a trezentos mil animais. Seria um negócio certo para um frigorífico, que precisa de quantidade. Claro, é necessário ter uma linha específica para o búfalo, porque o couro, o peso, tudo nele é diferente. Porém, seria muito possível implantar um frigorífico voltado para o búfalo, assim como um curtume e uma fábrica de artefatos, como bolsas, malas e cintos de couro de búfalo, que é uma maravilha. Também é possível no Araguaia plantar arroz, para vender em cooperativas. Todas essas possibilidades estão ali.

Em 1987, fizemos uma associação com um programa, um executivo e um orçamento, chamada Apamara, Associação dos Produtores do Médio Araguaia. Titular: Adalberto Tokarski, bastante conhecido no vale do Araguaia. O intuito da Apamara era aprovar a hidrovia Araguaia-Tocantins, criar escolas e concluir o asfaltamento do nosso trecho da BR-158. A BR que foi feita sempre foi uma ficção científica. Com uma chuva de 2 mil milímetros em sete meses, não há estrada de terra que resista. Quando chovia, ela virava um mingau e o governo nem se importava. Estradas não resistem ao mau tempo e a governos indiferentes com suas responsabilidades.

Adalberto Tokarski promoveu o chamado Mutirão do Escoamento em 10 de maio de 1989, para ver ser era possível continuar produzindo grãos, apesar da supressão da AGF. Era uma organização voltada para escoar a produção do Araguaia. O exército ajudou, as prefeituras também e os proprietários fizeram o mutirão. Foi uma obra e tanto, que não mereceu de ninguém a menor atenção. O sujeito pode cuspir sangue no meio do mato para fazer a recuperação de mil quilômetros de estrada da pior espécie e ninguém vê. Saiu uma nota pequenininha na *Veja*, ainda assim porque eu liguei para o diretor de redação da revista, que era então José Roberto Guzzo, e alguma coisinha no *Estadão*.

Fizemos um trabalho enorme, mas a Apamara acabou. Ninguém mais colaborava. O último a desistir foi Tokarski.

A minha idéia inicial de colonizar aquela parte das terras compradas do Michel Nasser tinha e ainda tem fundamento. Depois das desapropriações, porém, o pessoal do Incra cometeu uma besteira: começou a financiar gado de leite na região. Jogaram dinheiro fora. Eu, uma vez, no périplo que fazia para vender a idéia do Sítio Padrão, cheguei a visitar as terras desapropriadas das outras fazendas, Vila Rica, Confresa, Porto Alegre do Norte. Visitei os "desassentados" para ver realmente o que eles pensavam. Estavam todos descontentes; quando ouviam os detalhes da implantação do Sítio Padrão, mostraram o maior interesse. Nós — Apamara e Codeara — não conseguíamos articular um programa de trabalho com o Incra, apesar da instituição aceitar a idéia na época. O programa envolve muitos setores, inclusive o Programa Nacional de Agricultura Familiar (Pronaf) e todas as idéias, no final, se perdem na burocracia.

Só muito mais tarde, em 2005, conseguimos articular um assentamento perto da Codeara, chamado Fazendas Reunidas. O compromisso foi o de implantar o Sítio Padrão para quatro assentados. Só para lembrar que o Ministério do Meio Ambiente possui dados para levar adiante o Sítio Padrão desde 2001.

Nossa luta não é fácil. O pessoal é sempre desconfiado. Numa reunião de seringueiros, com todo mundo que tem alguma influência no Mato Grosso — vereadores, prefeitos, produtores —, um deles me interpelou assim:

— Por que o senhor, que tem tanto dinheiro, está se preocupando com essas coisas?

Eu disse:

— Por que quero vender muda e comprar a produção. De tudo.

Calaram o bico.

Hoje temos lá no Araguaia uma Oscip, uma ONG moderna, que fiz questão de batizar como Instituto do Pequeno Produtor, para levar adiante a idéia do Sítio Padrão. Não está funcionando, é claro, já que nada funciona direito nesse setor aqui no Brasil, mas a idéia é mais que correta. Numa região como o Araguaia, não é preciso ser muito inteligente: quando você der suporte ao pequeno produtor, o grande automaticamente estará atendido. O que se quer? Primeiro, que o governo não atrapalhe. Depois, condições para produzir e escoar a produção. Um certo apoio escolar e na área da saúde. Quem sabe isso ainda venha a acontecer?

19 Os cães e os negócios

Depois de casado, em 1960, continuei caçando, apesar de ter perdido alguns dos meus companheiros pelo caminho. Gino Penco foi um deles, na época meu melhor amigo junto com o Zequinha. Tinha aquele defeito de fumar miseravelmente. Morreu em 1º de janeiro de 1969, vitimado pelo câncer.

Gino era quem costumava treinar os cachorros. Em São Paulo, quando estávamos próximos da temporada de caça, ele ia com Carmino Abate, funcionário aposentado das Indústrias Matarazzo, seu amigo (do Gino), até um campinho perto da cidade para treinar os cachorros.

Para caçar aves, o cachorro é fundamental. Na caça de qualquer tipo de ave de cerrado, em campo aberto, é dele o engenho e a arte. É o cachorro quem na verdade descobre a caça, com o faro. Você pode ajudá-lo, levando-o para o lugar onde a caça está, normalmente terrenos mais sujos. O treinamento do cão, porém, é a chave de tudo. Nunca treinei cachorro, por falta de capacidade e de dedicação, mas há especialistas nisso. O ideal é ter dois cachorros, mas um só, para um fim de semana, é suficiente. Nesse tipo de caçada, vai junto o treinador do cachorro e gente da fazenda, que carrega água e a caça. Só se volta para casa em

• 177 •

tempo de comer qualquer coisa e dar uma descansadinha — depois, é voltar para o mato.

Qual a sensação? Quando o cachorro "amarra", ao pressentir a ave, toma a posição de todo caçador: quer se mimetizar com o ambiente. Há cachorros que, para enganar a caça, rolam em restos de animais mortos, em dejetos de gado, para a ave não cheirá-los. Não há limites para as suas artimanhas. Caçar com cachorro é uma delícia; ir atrás de perdiz dá a mesma sensação que caçar um elefante. O cachorro cheira o chão e você tem de ficar alerta, porque a caça vai voar. Quando você sabe, pelo jeito do cachorro, que é o perdigão, é emoção pura.

Caçada é emoção. Por isso, ela dura até o instante do tiro. Na hora em que a ave voa, você, se for um atirador calmo, dá o tiro e a derruba. Existem alguns sujeitos que nunca erram um tiro. Esses são uns chatos. O que faz a gente errar é a emoção. Sem esse nervosismo, a caçada não vale nada e não é caçada, é assassinato. Sou ciumento de bicho. Enquanto houver coisa voando, os italianos atiram, mas fiquei um italiano diferente. Muito comedido, nunca fui de "rapar campo". Nunca desperdicei nada. Nas minhas primeiras caçadas com Gino e Toninho Grisi, não havia ainda o isopor. Para trazer a caça, íamos a um frigorífico, congelávamos as peças e as colocávamos num saco envolvido de lã. Embarcávamos os sacos no avião e chegava tudo em São Paulo geladinho. Eu punha a caça no congelador, depois preparava a carne à escabeche, como aprendi no Uruguai. A perdiz quente com bastante cebola cozida e outros ingredientes, fica agridoce, impregnada dos temperos. Uma delícia.

Quando Gino Penco morreu, nosso grupo ficou desfalcado do organizador das caçadas, "sem mato e sem cachorro". Então Toninho Grisi arrumou um fazendeiro de Rosário, no Rio Grande do Sul, com uma fazenda de 15 mil hectares, que permitia a caçada. O organizador, dono de um cartório em Porto Alegre,

A RIQUEZA DA VIDA

levou junto Enzo Nochi, de Santana do Livramento, com quem me dou até hoje. Arrumaram um *trailer* com dois compartimentos, com duas camas em cada. Eu e Toninho saímos de avião de Porto Alegre, descemos em uma pista de pouso perto da fazenda. Ali conseguimos um táxi que depois de muitas peripécias nos levou até a fazenda, que por sinal era bonita, grande e a sede era cheia de quartos. O dono colecionava objetos de porcelana em forma de borboletas. Pareceu-me meio estranho que, com todos aqueles quartos na casa, fôssemos acomodados no *trailer*, sem conforto algum, num frio do cão. Mesmo assim, o dono da fazenda vinha até nós para filar comida e bebida. A única coisa boa que prestava era o cozinheiro, chamado Lagarto, que trabalhava debaixo de uma lona puxada do trailer e fazia um arroz-de-carreteiro de se comer de joelhos.

Ao amanhecer era um piar de perdigão no meio de uma neblina cerrada que nos deixava ansiosos. Tão logo saíamos, porém, nada de bicho. Os dias passaram e fui caindo na realidade: estava cheio de más caçadas e de más acomodações. O tal *trailer* tinha dois compartimentos, cada um com duas camas, onde se ouvia tudo. Afora eu, os outros três, incluindo Toninho Grisi, que deve ter herdado do pai, do qual também fui vítima, "serravam uma pereba por hora", isto é, era ronco para ninguém pôr defeito. Resolvi então que compraria uma fazenda no Uruguai, daquelas péssimas para a agricultura, cheia de macega, aquele capim nativo alto, ideal para o perdigão. Fatalmente daria prejuízo, mas não precisaria de investimento e trabalho nem daria preocupação, ao contrário daqueles que dão prejuízo. Quando você faz investimento, tem trabalho e muita preocupação.

Fui um dia com o Seixas procurar essa fazenda de prejuízo mínimo, que tivesse uma casa com varanda para um pôr-do-sol de derreter a alma. A viagem foi um desastre e quem nos conduziu foi um corretor chamado Segredo, oficial reformado do exército. Ele e seu sócio não entenderam que eu não queria fazenda bonita, que tivesse muito presente e futuro melhor. O que eu queria, vocês já sabem. Segredo ia estragando o carro e a paciência e quando eu via que ele estava a ponto de estourar, aí eu cantava um sambinha e íamos tocando. O ponto máximo foi quando mencionei a história de Watergate do Nixon e não me lembro que diabo de associação eu fiz desse episódio com a nossa situação de ditadura militar e que por azar fez com que o sócio de Segredo concordasse comigo. Os dois quase que acabaram com a sociedade e aí não havia doutor ou samba que desse jeito.

Foi quando um amigo de Toninho me ofereceu uma fazenda para caça em Dom Pedrito. Em vez de utilizá-la somente para caçar, porém, logo me vieram idéias. Ali começou com uma operação de recria de bezerras holandesas do Uruguai, para serem vendidas depois de prenhes, que acabou em confusão e num prejuízo além de qualquer expectativa.

Uma das operações desse negócio foi com um uruguaio, Nacho Santayana, que possuía várias fazendas e um volume grande de gado. Assumimos o passivo dele junto aos bancos e ficamos com as propriedades por ele arrendadas mais o gado, que era muito, em ótimas condições — isto é, com prazo de três anos para pagar. Sem mudar minha rotina, como até pouco tempo fazia, eu dividia meus fins de semana, Páscoa, Semana da Pátria, entre a Codeara e o Sul, sendo que o resto do tempo, até fins de 1988, era totalmente dedicado ao banco.

Por causa da exportação do gado, utilizamos uma *trading* chamada Simpex, da qual acabei ficando acionista majoritário. Nesta ocasião, fui procurado no BCN pela Volkswagen alemã para fazer uma parceria. A montadora queria se meter no negócio de logística de transporte de animais, porque o Uruguai era um grande exportador, assim como a Austrália e a Nova Zelândia. Na Arábia Saudita, que é um país rico, as pessoas só comem o bicho quando é morto virado na direção de Meca. É um ritual religioso, chamado *abati halal*, praticado somente por um sujeito especializado no cumprimento do ritual, no qual se mantém o animal desperto para ser degolado. Isso permite que uma maior quantidade de sangue escorra, deixando a carne mais limpa. A Volkswagen, junto com uma *trading* sueca, queria vender e transportar carneiros e gado bovino para a Arábia vivos para esse tipo de abate, numa quantidade colossal.

Fizemos três embarques, dois só de gado, um de carneiro e gado. Neste último, enfiamos de uma vez trinta mil ovelhas e oito mil bois num navio dinarmaquês de cinco andares, chamado *Claussen*, da família Claussen, cujos integrantes eu mais tarde conheceria na Dinamarca. Um curdo, chamado Jamal Alamhdar, naturalizado sueco, primo de um Alamhdar árabe-saudita, era o representante da *trading* sueca e da Volks.

A operação daquilo era uma confusão dos diabos. Para juntar toda essa ovelhada, arrendamos uma fazenda perto de Montevidéu, onde passava a estrada de ferro. De lá, levaríamos a carga viva até o porto. Na fazenda, fizemos a seleção dos carneiros, tosquiamos os animais e os ensinamos a comer no cocho, preparação necessária para a viagem. Cada carneiro daqueles era como uma velhinha numa cadeira de rodas entrando no navio — um processo lento e angustiante. Havia bacias com insulfação de oxigênio, para a bicharada não morrer sufocada lá dentro. Os dinamarqueses até desenvolveram um comedor especial para aquele transporte. Eu e o Jamal nos entusiasmamos com o negócio, mas ele acabou mal. No final, a *trading* sueca nos pagou, mas não recebeu dos árabes.

Eu devia saber que negócios com carne eram espinhosos. No BCN, também fomos sócios do frigorífico Atlas, uma invenção da Volkswagen no sul do Pará, num lugar chamado Rio Cristalino, com incentivo da Sudam. Wolfgang Sauer, que dirigia a

Volkswagen nessa época, um camarada mito ativo, teve essa brilhante idéia. Chamou muita gente. Por muitos motivos, principalmente a fonte de energia, que era termoelétrica, precisando de uma fonte renovável de madeira, o negócio não foi bem. Tanto o negócio do Atlas quanto minhas fazendas no Uruguai terminaram. Quando o dólar disparou, em 1999, meu brinquedo no Uruguai acabou. Não dava mais para trazer carne cotada em dólar para o Brasil, ficou muito caro. Até hoje acho o diretor da área de câmbio no Banco Central daquela época, o responsável pelo câmbio travado, isto é, não-flutuante, e suas conseqüências, que eram terríveis.

O que ficou de bom dessa experiência foram mesmo as caçadas. Uma das melhores coisas que me aconteceram no Sul foi conhecer e ficar amigo e depois sócio do Julio Carlos Coberta Filho, Lalo. Freqüentei algumas das fazendas dele; entre outras coisas, caçávamos marrecão da Patagônia, um bicho que chega a voar a mais de 100 quilômetros por hora, e que nos obrigava, às vezes, a ficar mergulhados, com água pelo peito.

Foi nessas caçadas que começou nossa amizade. Até nos tornamos sócios na compra de uma fazenda no Uruguai. Lalo já é da terceira geração de fazendeiros e tem por bom hábito ele mesmo administrar o negócio. Por isso, consegue ter lucro numa área em que eu mesmo nunca consegui. Eu queria ir logo aos finalmentes, isto é, implementar idéias de administração avançadas tecnologicamente e ai não havia correspondência dos responsáveis, porque eles não sabiam e não sabem até hoje. Dizia: "Armando, é mais fácil você arrumar um diretor de banco do que um administrador de fazenda." Vendi a minha parte na fazenda para Lalo. Depois da venda ficamos mais amigos ainda, coisa que normalmente não acontece.

Felizmente, meus irmãos e o BCN não tinham nada a ver com a recria de gado. Vendi a fazenda no Uruguai, devolvi os

A RIQUEZA DA VIDA

arrendamentos e só fiquei com a fazenda do Rio Grande do Sul, que foi arrendada. Ainda tenho um canil em São Gabriel, com meus cachorros e um treinador, o Homero Portal, que há trinta anos está comigo. Mesmo assim, da última vez em que trouxe a caça na bagagem — javali, perdiz, lebre, perdigão, tudo —, a funcionária da alfândega quis apreender a carga, porque não havia carimbo da autoridade sanitária. A burocracia hoje em dia complica a vida da gente, é um inferno. Foi o fim de uma era, certamente, mas não da diversão.

20 De volta à África

Apesar de caçar no sul, jamais esqueci da minha paixão. Depois da minha viagem em 1959, voltei à África cinco anos depois. Convidei Linda para ir comigo; queria ficar um mês em Angola, outro mês em Moçambique. Ela, que não ia à Europa há três anos, disse, simplesmente: "Você está louco?" No entanto, concordou.

Em 1964, fomos para Angola, uma viagem linda pelos lugares mais distantes do leste angolano, não por acaso batizado de "as terras do fim do mundo". Saímos num monomotor de Luanda, a capital, acompanhados do guia, Rubens Marx Júnior. Paramos para dormir em Nova Lisboa. À noite, no bar, Rubens me disse que o novo acampamento do Jorginho Alves de Lima ficava no Chitengue, localidade perto da aldeia de Mavinga, um lugar totalmente primitivo. Decolamos no dia seguinte. Nunca tive medo de voar na África, lá todos os pilotos são bons, porque os ruins já morreram. Inauguramos a pista de pouso no Chitengue, onde Jorginho estava à nossa espera.

Ao contrário do Quênia e da Tanganica, em Angola era permitido que a coutada de caça (área bem definida geograficamente) fosse cedida para efeito de caça a uma pessoa, se não me engano jurídica, que assume uma série de responsabilidades, como construir acampamentos fixos, seguindo as observâncias das leis de caça: o que se pode, como se pode e quanto se pode.

Na região do Chitengue, Angola é coberta de uma areia fofa como a de praia. Mesmo com tração nas quatros rodas, anda-se a 10, 15 quilômetros por hora, no máximo, em uma caminhonete movida a diesel. O caminhão que trazia nossa bagagem mais pesada se atrasou; mesmo assim, no dia seguinte à nossa chegada, saímos para caçar. Fomos em julho, fazia frio, a paisagem era deslumbrante, com um céu azul-metálico — do nascer e pôr-do-sol, nem se fala. Linda andou o dia inteiro atrás de rastros de rinoceronte vestindo meias de seda e mocassins, o que deixou Jorge muito impressionado. O terreno arenoso não só dificultava os veículos como a caminhada. Já experimentou andar na praia, longe do mar, onde a areia é bem fofa?

Para caçar mamíferos de grande porte, ao contrário das aves, não se usa o cachorro. No lugar dele, entram você e os pisteiros africanos. Minha ilustre esposa diz que não quer mais ir para a África, está cansada de colocar a mão em bosta de elefante para ver se está quente. Parte da diversão da caçada é ir atrás do rastro do bicho — olhar onde ele comeu um galho, uma folha, onde defecou. A emoção desse tipo de perseguição é a mesma que se tem quando caça com cachorro. Aí está a alma da caçada.

Na caçada de quadrúpedes, é preciso chegar a uma determinada distância, para não se correr o perigo de dar um tiro que não seja mortal. Se apenas ferir o animal, seja ele qual for, você está numa encrenca. Até mesmo um bicho aparentemente inofensivo pode ser perigoso se acuado. Certa vez, em Angola, um português que caçava com a família atropelou uma gazela. Ao pular, ela quebrou o pára-brisa e caiu dentro do jipe. O casco de uma gazela é uma navalha. Os ocupantes do carro tentaram segurá-la e cada patada correspondia a uma navalhada. Ela deixou todos à beira da morte: foram hospitalizados em estado deplorável.

Apesar de ser uma tremenda esportista, Linda, como toda mulher, é vaidosa. Quis matar os cinco bichos mais importantes, os chamados *Big Five*: o elefante, o rinoceronte, o leão, o búfalo e o leopardo. Era o grande feito de um caçador esportivo naquela época. Os predadores são um belo desafio. O leopardo e o leão são animais do maior respeito. Com exceção da Botswana, onde há lugares de terreno arenoso, é raríssimo caçar leão ou leopardo utilizando pistas. Os especialistas nisso são os *bushmen* ou bosquímanos, tribo primitiva espalhada por Angola e África do Sul. Os predadores sofrem muito na época das chuvas, porque tem água por todo lado e suas presas se espalham. Na seca africana, só ficam as poças d'água, que lá chamam de *water holes*. Para caçar leopardos em Angola, amarrávamos um cabrito no pé de uma árvore e ficávamos no esconderijo. Eu, que não estava acostumado a caçar de noite, da primeira vez tomei um susto quando ouvi aquele barulho, *roooarrr*! Era o leopardo comendo a cabeça do cabrito.

Na caçada dos felinos a emoção é aquela expectativa criada em torno da armadilha, a mesma que eu já sentia no quintal de casa, na Paulista, esperando o passarinho entrar na peneira para puxar a cordinha. Só que com um passarinho não acontece nada quando se erra, enquanto com um bicho daqueles, se você não der um tiro mortal, a 100 metros de distância, arruma uma encrenca para ninguém botar defeito. O seu negócio é acertar o coração. O cérebro do elefante, por exemplo, é 1/24 do tamanho da cabeça. É muito mais fácil atingi-lo em outro órgão vital.

Quando se caçam o leão e o leopardo, sempre há um certo risco. No Chitengue, no finzinho da tarde — com aquela luz não dava para ver direito — dei um tiro em um leopardo que estava meio de lado. Atingi uma das juntas da perna dianteira direita e ele veio para cima da gente só com três pernas. Todo mundo gritou, ele se assustou e subiu numa árvore, do jeito que podia: uma cena linda de morrer. Não havia jeito de nos aproximarmos: escurecia, e à noite nós é que seríamos o alvo. Voltamos no dia seguinte, mas ele estava no chão, morto — a perfuração não tinha sido só na perna.

Depois de caçarmos em volta do acampamento central, fizemos alguns acampamentos com barracas, como na minha primeira viagem a Tanganica. Na beira do rio Cuando, o frio à noite era tanto que a bacia onde nos lavávamos tinha uma polegada de gelo até por volta das dez horas da manhã. Na África a movimentação começa cedo; ao sair, o carro fazia barulho, como se alguma coisa estivesse quebrada, deixando a todos preocupados. Quando fomos ver, eram os sacos nos quais carregávamos a água, que tinham virado pedra de gelo e batiam na carroceria.

Acampamos no Cuando para caçar elefantes. Levamos um cinegrafista profissional, Miroslav Javurek, para registrar a viagem. Pessoa maravilhosa, mas um pouco distante da realidade africana. Certo dia, demos com uma manada com mais de duzentos animais. Ficamos ali agachadinhos: eu, Jorge, os africanos e Javurek. Um elefante macho se aproximou. Mesmo agachado, eu estava me preparando para atirar, quando Javurek levantou-se para filmar, pensando que era invisível. Resultado: a manada saiu num estouro só. Por onde passaram aqueles elefantes não sobrou um pé de grama. Não corremos. Ao contrário, ficamos congelados: numa hora dessas, você não pode se atrever a fazer nada. Os africanos, apavorados, não queriam mais caçar conosco. Na língua deles, diziam que éramos uns irresponsáveis.

Quando passamos por uma vila, a pedido de Linda, Jorge perguntou se eles tinham pele de leopardo. Junto a uma minúscula pele de fêmea leopardo veio o chefe da aldeia, que tem o pomposo título de soba. Aquele era velhinho; sentado nos ombros de um garotão, estava bem machucado, sem uma vista, com mordidas e arranhões profundos nos braços, rosto e pernas. A história era esta. Dirigia-se a um povoado, como todos os sobas, para cumprimentar o governador da região. Levou um sobrinho e tiveram de dormir não muito longe do destino. O sobrinho cortou paus; fez uma paliçada redonda de proteção, que nas aldeias chega a ter mais de 3 metros e pontas aguçadas para dificultar a entrada de leões devoradores de gado. A deles, improvisada, não impediu que a fêmea de leopardo, já velhinha, sem conseguir caçar, talvez morta de fome, pulasse para dentro do abrigo. Apanhou o velhinho e fez todo aquele estrago, até que o sobrinho, segurando uma machadinha, a esbordoou até matar.

O homem estava na miséria física, mas com o espírito superalerta. Em vez de se queixar dos ferimentos, reclamava que em vez de leopardos os brancos deviam atirar nos elefantes que lhes comiam as plantações. Linda tirou pomada com sulfa e lhe deu, junto com antibióticos. Jorge dizia que o homem morreria; apostei com ele que o soba sobreviveria, graças aos remédios. E ganhei.

Deixamos Linda no acampamento e fomos mais para leste, ainda atrás de elefantes. Acampamos sem barraca, dormindo em camas ao relento sob aquele céu lindo e gelado, perto de um quimbo (aldeia africana). Lá outro soba nos brindou cantando o hino português perfilado com o resto da sua tribo. Os africanos cada vez mais se escondiam dos portugueses, que os obrigavam a pagar impostos; por isso as vilas ficavam cada vez mais de difícil acesso.

Nossa estadia longe de Linda foi de muitos caminhos e poucos elefantes. A comida acabou. Nosso café-da-manhã era leite em pó, "frito" na frigideira — aliás, fica muito bom, especialmente numa aventura como essa, quando não há mais nada para o estômago. Ao voltar, encontramos Linda eufórica, porque tinha matado uma leoa e um mabeco. Depois de uma comemoração, voltamos ao acampamento central.

No caminho, cruzamos com dois leopardos. O primeiro estava tão perto que a luneta mais a euforia da comemoração atrapalharam — errei. Não demorou muito, apareceu o segundo leopardo. Ficou entre duas árvores, de modo que eu não sabia de que lado estava a cabeça ou o rabo. Mesmo assim decidi atirar, e bum! Para azar de todos, o animal ficou com a espinha quebrada; urrava como a mãe da peste. Jorge pegou uma espingarda de dois canos, daquelas que atiram pelota de chumbo. Nós dois, com uma lanterninha, borrados de medo, fomos atrás do bicho. Para nossa sorte, não o encontramos.

Voltamos para o carro. O jeito era nos acomodar até o sol nascer. Amanheceu e não foi difícil encontrar o leopardo, um bicho valente como o diabo. Linda pediu para dar o tiro de misericórdia. Com a arma que se usa só para isso, calibre 22, as balas não saíam do cano: a espoleta não deflagrava, por causa do frio. Depois de muitas tentativas, finalmente conseguimos lhe dar o tiro de misericórida.

Depois de Angola, eu e Linda fomos às cataratas Vitória, no rio Zambeze, Rodésia do Norte. O piloto estava circunspecto. Olhava o mapa, fazia cálculo. O pescoço dele parecia um maracujá de gaveta, era só ruga. Entramos no avião, o homem não abria a boca. Antigamente havia umas caixas de cigarros Rothman's com cinqüenta unidades. Ele fumava, e eu, no banco ao lado dele, olhava o ponteiro da gasolina do avião. No meio de nada, o homem deu uma volta, havia uma pista com duas casinhas, ele aprumou o avião e desceu. Quando parou o motor, olhei para a cara dele, ele olhou para a minha e disse, em tom triunfante:

— *Less than a gallon!* (Menos de um galão!)

A RIQUEZA DA VIDA

Daí em diante o homem ficou comunicativo como ninguém. Voou a 50 metros sobre o rio — filmei tudo isso em Super-8 — e chegamos em cima do pôr-do-sol nas cataratas Vitória, algo de que nunca mais esquecerei. Depois pegamos outro avião e fomos para Lourenço Marques, atual Maputo, em Moçambique. Fiquei mais um mês caçando com Rui Quadros, um português atrevido demais, porém um figuraça.

Em Moçambique, fui obrigado a matar um hipopótamo enorme. Um americano idiota havia tentado matá-lo a flechadas. Espetou uma flecha no traseiro do bicho, ele ficou infernizado e as mulheres da aldeia próxima não podiam ir mais ao rio lavar a roupa. Não tem graça atirar em hipopótamo, mas me diverti horrores vendo a alegria do pessoal da tribo, que apareceu para esquartejar o animal. Cada família recebeu a sua parte. O hipopótamo tem um monte de banha, que eles aproveitam para tudo. Vieram as mulheres, que se ajoelhavam na minha frente, em agradecimento. Até pensei: por que esses métodos não vão lá para o Brasil?

Fomos caçar no sul de Moçambique, na região do rio Limpopo, perto da África do Sul, onde tem o Krueger Park — tanto que os *game warden* do parque vieram até ao nosso acampamento avisar para não matarmos os rinocerontes brancos, aquele tipo grandão de cara achatada, que realmente eram pouquíssimos.

No final, eu ainda queria o elefante, o animal mais importante da caçada, porque é o mais inteligente e, por isso, o mais difícil. Faz falsas cargas, como o leão, e usa táticas para enganar. Não enxerga direito, nem ouve tão bem como os outros. Porém, tem um olfato apuradíssimo. Quando acha que você o está perseguindo, corre na direção contrária do vento, de modo que perceba o cheiro. Quando desconfia que você está atrás dele, anda fazendo um oito, que é para uma hora qualquer cheirar o perseguidor. Seus pés são acolchoados: pode estar a 20 metros e você não escuta nada. Mas eu não perderia por esperar. Na minha viagem seguinte a Angola, em julho de 1967, eu teria oportunidade de caçar o maior elefante da minha vida. E correria sérios riscos, não só por causa dele, mas de outro bicho, igualmente perigoso.

O homem.

21 O elefante grande

Apesar da beleza da caçada, talvez eu nunca tenha passado apuro tão grande quanto em minha segunda viagem a Angola. Sem querer, quando vimos, tínhamos nos metido numa encrenca da grossa.

O movimento de libertação dos países africanos colonizados já tinha sido deflagrado na Zâmbia, ex-Rodésia do Norte, primeiro país dessa região a ter independência, e no Congo, ao norte de Angola, onde do dia para a noite os belgas tiveram de tirar o time de campo. Em 1959, quando entrei no Norfolk Hotel, em Nairobi, em minha primeira viagem à África, havia belgas foragidos do Congo com um monte de dinheiro congolês, que não valia mais coisa alguma. Quem ajudaria essa gente seria o Adhemar de Barros, governador de São Paulo à época. Ele lhes arrumou um assentamento perto de Avaré; aceitou parte dessa gente desesperada, como de todas as outras nações independentes da África.

Em Tanganica, em 1959, também já se falava em independência. A pressão levou, em 1963, a rainha Elizabeth da Inglaterra a nomear Jomo Kenyatta presidente do Quênia. O país descambaria nas mãos de Jomo, mas é de se compreender o sentimento daquela gente. Os ingleses achavam uma humilhação o trabalho pesado. O máximo que faziam era trabalhar no serviço público; o resto deixavam para os africanos e os hindus. A roupa pronta só apareceria por lá muito tempo depois; tudo era feito para os ingleses artesanalmente. Eu mesmo, quando cheguei a Nairobi, fui de tarde a uma loja e no dia seguinte estava com minha roupa de mateiro, feita sob medida por um alfaiate hindu — uma jaqueta verde, para ficar camuflado. Apesar disso, os ingleses achavam tudo isso tão normal que foram pegos de surpresa pelo movimento de emancipação.

Em Angola, as coisas não eram muito diferentes. Os sobas, que antes botavam capacete na cabeça para cantar o hino de Portugal, se afastaram dos viajantes por causa da cobrança do dízimo pelos fiscais portugueses. Ficaram menos respeitosos. E toda aquela região em que iríamos caçar estava sendo tomada aos poucos por guerrilheiros cruéis, como os do Congo Belga.

Eu e Linda voltamos a Angola em 1967, porque lá tinha sido um lugar muito especial para nós. Já começavam na África as proibições contra a caça do rinoceronte, provocadas por causa dos árabes, que usavam o seu corno na empunhadura das facas, dos chineses e hindus, que compravam a cerda dos cornos acreditando ser afrodisíaca. Para se ter uma idéia da procura, na década de 1980 um quilo de chifre de rinoceronte custava no mercado negro 30 mil dólares. Porém, a situação estava complicada. Começava uma das guerras mais sangrentas de que se tem notícia.

Em Luanda, eu e Linda encontramos na saída do hotel duas mulheres correndo descalças, uma loira e uma morena. Minha mulher foi atrás de uma delas, depois de tê-la reconhecido: era sua amiga Elga Andersen, que tinha feito um filme chamado *Le Mans*, com Steve McQueen — não era das melhores atrizes, mas um amor de pessoa. A outra era uma húngara, Georgia Moll, um pedaço de mau, ou melhor, de bom caminho. Fomos beber para comemorar aquele encontro e, por causa das duas, que estavam acompanhadas por dois dublês fazendo um filme cheio de peripécias em Angola, fomos convidados a ver o filme *África adeus*, de Gualtieno Jacopetti. Era um filme terrível. Os árabes tinham conquistado a ilha de Zanzibar, perto do continente. Juntaram Tanganica com Zanzibar; por isso, o país passou a se chamar Tanzânia. Jacopetti registrou mercenários matando africanos, os africanos com facões em cima dos árabes, depois decapitando-os; o filme era uma coisa nojenta.

Vendo *África adeus*, de certa forma já entramos no clima do que estava acontecendo, ainda sem saber da real gravidade da situação daqueles lados onde iríamos. Para completar, esqueci de levar ovos, o que mais tarde se transformaria num grave problema: omeletes são sempre boas quando falta comida. Voamos para o Dima, ao sul de Mavinga, onde éramos esperados. Ao aterrissar, logo vi um mau sinal. Ao lado da pista, havia um armazém onde ficava o chefe do distrito português. Enquanto descarregávamos a bagagem, vi que o piloto não desligara os motores. Pensei: deve ser por uma boa razão.

A coutada era também do Jorge Alves de Lima Filho. Próximo a Dima, onde foi nosso primeiro acampamento, encontramos Rubens Marx Júnior, que seria o nosso guia.

Assim que chegamos ao acampamento, encontramos Rubens que já havia iscado uns leões (dois machos e duas fêmeas) e que estava aflito para irmos à espera dos bichos. Esta caçada foi muito interessante. Nossa espera era num jirau não muito alto mas muito bem localizado, nos permitindo uma visão do local perfeita. A isca, — um antílope grande de nome em inglês Roan e em português Palanca Branca, — inicialmente foi dependurada na árvore, mas que quando chegamos foi deixada cair ao chão, postando-se longitudinalmente de modo que, quando os leões

• 195 •

chegaram, ficaram dois de cada lado do bicho. Um casal de cada lado, sendo que o leão mais bonito, com juba maior, ficou logo após a leoa, dificultando minha visão. Consegui atirar no pescoço do leão, porque dei um assovio estridente e, por sorte minha e azar dele, foi ele quem levantou a cabeça acima da cabeça da leoa, o suficiente para eu poder atirar. Muita festa e motivo de comemoração.

Antes de partirmos mais para o sul, onde Rubens havia sido informado de ter muitos elefantes, já na mudança de acampamento encontramos a pista de um elefante razoável naquela época, com 70 libras em cada presa — hoje, seria considerado excelente. Depois de seguirmos seu rastro por duas horas, encontramos o bicho quase parado, devido ao calor do meio-dia. Nesse foi Linda quem atirou.

Continuamos viagem. No lugar indicado, acampamos, dormimos e logo cedo fomos atrás dos elefantes. Achamos um grupo de quatro: o maior deles era realmente grande, cerca de 1 metro maior que todos os outros, também adultos. O grandão media, dos pés ao cangote, 3,70m. Até a cabeçorra, chegava aos 4,50m, o que é um absurdo. Eu e Rubens deixamos os africanos e Linda para trás, nos esperando. A vegetação, cheia de espinhos, era fina, mas densa, o que dificultava enxergar os animais.

Caminhamos bastante atrás dos elefantes, preocupados com o vento, que é traiçoeiro: ao mudar de direção, mesmo quando os animais não nos cheiram plenamente, eles ficam inquietos, desconfiados. Por fim, nos aproximamos o suficiente para vê-los. Havia um elefante à nossa esquerda. Bem na nossa frente estavam o grandão e os outros dois. Seria atirar naquela hora, ou perdê-los, quando mudasse o vento. Fiz pontaria mirando os órgãos vitais — coração e pulmão — e puxei o gatilho. Pareceu que o mundo veio abaixo. O grandão andou mal cerca de

10 metros e caiu. Os dois elefantes que estavam com ele vieram em sua direção, porque estava vivo, para salvá-lo.

O que aconteceu em seguida foi uma cena da qual eu já tinha ouvido falar, mas nunca presenciara. Os dois elefantes menores, um de cada lado, enfiaram as presas por baixo do grandão, para ajudá-lo a levantar-se. Tão logo ele ficou em pé, colaram seus corpos ao dele para ampará-lo na caminhada. No entanto, foi tudo em vão. Com uma dezena de passos, o elefante grande foi novamente ao chão. Os que o socorriam fizeram nova tentativa de levantá-lo, sem sucesso. Ficaram furiosos.

Inácio, nosso pisteiro, correu de medo na direção oposta à dos elefantes. Aquele à nossa esquerda, que ouviu e provavelmente viu o que acontecia, percebeu a fuga do africano, nos localizou e investiu. Quando chegou a 30 ou 40 metros, eu e Rubens atiramos. O animal caiu diante de nós, a uma distância que até hoje me deixa arrepiado.

Linda, que escutara os tiros, não sabia o estava acontecendo. Passei a rezar para todos os santos, enquanto mantinha um olho nos outros elefantes que ainda estavam em perfeito estado e nos procuravam com as trombas, como se fossem periscópios. Inácio já se juntara a nós. Como bom africano, subia em árvores com muita facilidade. Assim, localizou os dois elefantes e orientou a nossa retirada. Depois de muitos arranhões e suor de calor e medo, conseguimos voltar para Linda, que, inspirada, impedira os outros africanos de irem ao nosso encontro. Segundo ela, estávamos irreconhecíveis, com uma crosta branca em volta dos lábios, as pernas e braços todos lanhados.

Ainda não podíamos comemorar o sucesso da caçada. Tínhamos escapado, mas o elefante grande ainda estava vivo e não podíamos deixá-lo sofrendo. Voltamos para o acampamento, à espera de que os dois elefantes sobreviventes abandonassem o ferido. Passei a noite com remorso. Pela manhã, assim que a luz permitiu, fomos até lá. O grandão estava no meio de uma cratera, que havia feito ao seu redor, tentando levantar-se. Acabei com o sofrimento dele, para meu alívio e grande alegria da multidão de africanos que nos seguiam, sabendo que teriam dois elefantes para desmontar.

Tiradas as presas — o marfim, o rabo, os pés, as orelhas e uma parte da pele da barriga —, o resto ficou para os locais, que sem nenhuma cerimônia se meteram dentro dos elefantes, com facas e facões, tirando nacos de carne. Eram vários grupos, que naquele afã acabavam se cortando — eu mesmo vi uma mulher ser gravemente ferida. Em poucas horas, os dois animais mortos desapareceram por completo: aproveita-se do elefante tudo, menos a pele. Em quarenta anos de caçadas na África, não lembro de ter deixado um animal abatido sem que tudo tivesse sido aproveitado. Os africanos montam varais e penduram a carne para secar. Fogueiras são acesas para assá-la. Depois, vem o banquete. As tribos africanas apreciam muito a carne de elefante, que é adocicada e muito fibrosa.

Tudo pode parecer cruel, mas é isso o que distingue o caçador do matador. Uma vez, andei 12 horas, no Zimbábue; vimos quarenta machos e não havia um com presas grandes — então, fomos embora. Não há prazer em matar, pura e simplesmente. Hoje existe a caça esportiva, nome criado para distingui-la da caçada comercial, onde se mata o bicho para vender. O pescador esportivo é aquele sujeito que fica duas horas esperando o peixe, e depois de pegar um o joga de volta na água. Na caçada de verdade não dá para fazer isso, porque depois de dar o tiro o bicho morre. No entanto, existe a ética da caçada, como os ingleses que me ensinaram, que é a de respeitar a natureza e as regras do que se pode e quando se pode caçar. Para um caçador, o respeito é fundamental.

Depois da caçada do elefante grande, viajamos de carro até o Chitengue, aquele acampamento que já conhecíamos, e fomos para o sul, no Bico, onde se encontram Angola, Namíbia e Zâmbia. Linda matou um rinoceronte, e eu também. Uma madrugada, o rádio começou a apitar. Era Richard Mason, outro guia, chamando Rubens. Dizia para darmos no pé, porque estávamos no meio da conflagração. Eu já havia notado que, quando passávamos pelos quimbos, tudo estava fechado. Nas aldeias, só havia mulheres. E criancinhas. E mais nada. Nenhum homem. Com a cabeça voltada para a caça, eu não havia ligado muito para aquilo. Os guerrilheiros entravam, ameaçavam todo mundo, arrastavam os homens e deixavam as mulheres. Assim, engrossavam o batalhão dos revoltosos.

Mason avisou que, se ficássemos ali, estaríamos liquidados. Desmontamos o acampamento. Um carioca, de quem não me lembro o nome, um dia antes de termos de "dar no pé" chegou com uma geladeira. Assim que ele chegou, mal teve tempo de descansar para logo em seguida ter de viajar de novo. Saímos, então, com o carioca supostamente atrás. No meio do caminho, passamos pelas cataratas do Brito's Falls, como foi apelidado o lugar com bonitas quedas, em homenagem a um carioca chamado Brito, que caçava com um italiano chamado Melazzi. Ali perto, havia um abastecimento de diesel em tambores. Nós, que estávamos na frente, abastecemos o carro. O carioca da geladeira devia vir atrás, num jipe sem capota idêntico ao nosso. Começou a escurecer e nada de ele aparecer. Pensei: o carioca virou notícia.

Ele era um atrapalhado. Na caçada ao rinoceronte, antes do episódio da geladeira, no meio do caminho tinha tomado toda a água suficiente para quatro ou cinco pessoas. Tivemos de voltar na sede, para desespero de Linda, que queria matá-lo. Mesmo sob risco de encontrarmos guerrilheiros, fomos atrás dele.

Achamos o carioquinha são, salvo e despreocupado, dormindo na mata, dentro do jipe. Pobre coitado, morrendo de canseira.

No dia seguinte, fomos para o acampamento central, no Chitengue. No meio do caminho, apareceu Richard Mason. "Os quimbos foram atacados", ele disse. "Todo mundo está dentro do acampamento." Lá, tinham feito uma cerca de arame-farpado, para delimitar a área. As mulheres das aldeias, apavoradas, estavam todas ali por proteção. Rubens Marx Júnior queria ir para o mato: achava que o acampamento seria um alvo muito fácil. Recusei: "Nem pensar", eu disse. "Vamos para lá." O exército tinha dado para os aldeões metralhadoras e granadas. Sacos de fubá foram usados como barricada. Havia uma garagem com uma cobertura de zinco, onde ficamos. Era melhor do que a cobertura de palha das choupanas: se os terroristas pusessem fogo ali, tudo viraria fumaça.

Ficamos no acampamento, entrincheirados, por cinco dias. Filmei as mulheres saindo em fila com seu turbante branco e uma lata na cabeça, para buscar água na lagoa em frente. Tinham medo porque trabalhavam para o branco português: se capturadas pelos guerrilheiros, seria morte certa. No quinto dia, eu já não agüentava mais dormir na garagem. Tinha comprado um atabaque, enorme, lindo. Disse para a Linda: "Vou dormir na maloca." Mesmo numa situação complicada, por mais nervoso que eu esteja, nada me tira o sono. Nessas horas eu desligo; caçando, eu desligo. Durmo até onde tem elefante a 10 metros. Limpei a carabina, coloquei-a na caixa, deixei o atabaque na porta de uma daquelas construções redondas do acampamento — eles fazem suas choupanas assim porque não sabem construir em ângulo reto; colocam uma trave no meio, com uma corda, e fazem o círculo. Estava lá, dormindo sossegado, quando o miserável que fazia a ronda derrubou o atabaque no chão. Linda pulou da cama, assustada. Quando entendeu o que acontecera, perguntou: "Onde está a arma?" Saiu à procura da carabina. Queria me matar, porque eu já havia a desmontado.

Pelo rádio, tínhamos chamado um avião. Afinal, ele chegou. Voamos para Nova Lisboa, onde encontrei Jorginho Alves de Lima. Perguntou se não queria fazer uma parceria com ele na África, bem naquela hora, depois que eu passara cinco dias de terror. "Você é ótimo caçador", eu disse, "mas não é capaz de organizar uma lata de sardinha." Jorginho, porém, voltou ao Chitengue e ainda caçou com um americano que estava por lá. Esperou o último estrangeiro ir embora para sair de Angola.

Voltamos para o Brasil, nunca mais fui para Angola. Hoje penso que escapamos porque Deus é grande. Apesar de tudo, valeu a pena. Aquilo era lindo. Os portugueses, pouco tempo depois, bombardearam as aldeias com granadas de mão, jogadas de teco-tecos, uma barbárie. Eu estava com Jorginho Alves de Lima no Jockey Club, na rua Boa Vista, quando recebemos a notícia de que os africanos tinham queimado tudo. Para ele, naquele dia, a África acabara. Já cacei em muitos lugares da terra, até urso-branco no Alasca. Contudo, depois que a guerra amainou, ainda voltaria ao continente africano muitas vezes para caçar. Dizem que quem foi uma vez para lá nunca deixa de voltar. Ali há algo que enfeitiça, ou é uma doença. Hoje, após muitas viagens, ainda tenho o que eles chamam por lá de *Mal d'Africa*.

22 Novos negócios (que ninguém queria)

Certa vez, pensei: e se BCN virar Banco da Cultura Nacional? Achei que seria uma bela idéia. Aproximar o banco das artes era uma maneira diferente de promovê-lo, trazer clientes que uniam dinheiro a bom gosto, renderia muito para a imagem do BCN. Foi por essa mesma razão que também inventei o BCN Turismo, uma maneira de agradar o público feminino para as compras e os clientes para os negócios, porque dávamos assistência completa. Além do serviço financeiro, cuidávamos da vida do cliente de uma maneira geral, até na hora de tirar férias. Meus irmãos não gostaram muito de nada daquilo, mas levei a idéia adiante, da maneira que pude. Queria fazer diferença na arte mesmo. E se era para fazer, eu tinha de fazer direito.

Naquela época, conheci um rapaz chamado Marcos Marcondes, muito amigo de Luís Lopes Coelho, advogado, escritor de contos policiais, pai do meu amigo Flávio Coelho. Marcondes tinha uma editora, a Art, que resolvi patrocinar. Seria o primeiro passo para a institucionalização do Banco da Cultura Nacional. Antes, eu já havia proporcionado a publicação de vários livros de gravuras com um argentino de nome Julio Pachelo. Eu me entusiasmara com alguns livros de gravura e resolvemos fazer, com a ajuda do Júlio Pachelo, a história da gravura no Brasil.

Faríamos tiragens de gravuras, tiraríamos os custos e dividiríamos o resultado. Chegamos a ter uma tipografia, cujos caracteres eram colocados manualmente: era algo literalmente fora de série. Estivemos em duas bienais do livro, numa sala *hors-concours*. Era um projeto ambicioso, mas a coleção parou no segundo volume. O terceiro não saiu porque a mulher com quem Pachelo se casou o chamou a negócios mais rendosos, obrigando-o a vender blocos de concreto. Acabei perdendo todas as matrizes do terceiro volume. A Art Editora chegou a ganhar dois prêmios Jabuti, ambos com biografias de pintores: Facchinetti e Tarsila do Amaral.

Marcondes, então, inventou que sabia fazer enciclopédia. Queria produzir a *Enciclopédia da música brasileira*, coleção de livros acompanhadas por discos. Pretensioso, não sabia coisa nenhuma. Deu a partida no projeto; eu queria saber o que estava acontecendo, e não acontecia nada. Um dia, já aborrecido, falei para Flávio Coelho: "Você que pariu Mateus, agora que vá aturá-lo. Esse sujeito não entende de enciclopédia coisa nenhuma."

Flávio era amigo do Caio Graco, falecido fundador da editora Brasiliense. Fomos almoçar com ele no Cacciatore. Caio escutou a historinha e disse:

— O sujeito para salvar essa situação é Antonio Houaiss.

Liguei no Rio de Janeiro para Nelson Mufarrej, que era diretor do BCN no Rio, oriundo do banco Delta. Com pendores políticos, ele tinha sido secretário de Finanças do Mendes de Morais, general que foi prefeito do Rio de Janeiro. De origem libanesa, com uma educação fantástica, Nelson foi inventor de um bordão que ficou famoso, o "seu talão vale um milhão". Na época em que assumiu a secretaria de Finanças, ninguém pagava imposto. Ele então fazia sorteio das notas fiscais, que concorriam a um prêmio, de modo que estimulasse que o comerciante tirasse a nota, aumentando a arrecadação. Foi um sucesso. O diabo do Nelson era ótimo, além de ser educadíssimo. E se tornou diretor no Rio de um banco que nós compramos em 1966, o Delta, do José Luis Moreira de Souza, dono das lojas Ducal.

— Nelson, e o tal de Antônio Houaiss?

Ele:

— Doutor Armando... — ele falava assim, só me chamava de doutor. — Fomos criados juntos.

Acadêmico da Academia Brasileira de Letras, Houaiss naquela época, entre outras atividades, era consultor da *Enciclopédia Britânica*. Nós o convidamos para almoçar; ele propôs o restaurante Rio Minho, onde tinha uma mesa cativa. Chegou, sentou. Era mirradinho: Lan até fez uma caricatura dele, na qual ele parecia uma lâmpada Phillips. Fizemos as apresentações, doutor daqui, doutor dali, tomamos um pileque de vodca, no final ele já tinha virado Toninho.

Claro que Marcondes trabalhou também, mas foi Houaiss quem no final fez a enciclopédia, como colaborador. Recebia um salário que, de tão baixo, me envergonhava.

A enciclopédia englobava música popular, erudita e folclórica. Quem cuidou da parte popular foi Zuza Homem de Melo, que contratou Toquinho para gravar um disco só desse assunto. A folclórica teve outros colaboradores e também um disco. A erudita é que foi o problema. Havia um programa de integração depois da guerra, do qual fazia parte um navio de nome *Uruguai*, que dava voltas pelas Américas com orquestras. Parava nos portos para promover os Estados Unidos e promover a troca cultural. Aqui eles tocaram Villa-Lobos, Pixinguinha e Tchaikovsky. Disso foi produzido um LP pela CBS. Zuza achou que poderíamos colocar esse disco na parte erudita da enciclopédia. Tive de discutir os direitos autorais daquilo, uma complicação danada. No final, a coleção ficou pronta e pudemos colocar na enciclopédia os três discos: Popular, gravado pelo Toquinho, o Erudito e o Folclórico.

Eu era muito amigo do Alfredo Machado, dono da editora Record. Mostrei-lhe a enciclopédia, aquela beleza. E ele disse, apenas:

— Armando, você fez uma capa preta? Mulher põe preto para emagrecer. E o pessoal compra enciclopédia por metro!

Foi um fracasso editorial, uma coisa horrorosa, mas de uma qualidade enorme.

Além da enciclopédia, fizemos outras coisas. Com Houaiss, eu almoçava no Dunil, um restaurante na rua da Alfândega, perto da praça da República. Saíamos e andávamos pelas lojas da redondeza, olhando as iguarias, de onde surgiu a idéia de fazer um livro de culinária, elaborado por ele. A Art também produziu uma compilação de poesia brasileira que está entre as melhores já feitas no Brasil. Com essas atividades, eu esperava promover o banco de forma institucional. Mas como meus irmãos eram muito tímidos, acabei fazendo tudo com o meu dinheiro. Para não dar margem a discussão, os eventos de lançamento dos livros eram custeados do meu bolso, embora feitos dentro de alguma agência do banco, como propaganda. Quando muito, o BCN pagava uns canapezinhos vagabundos e umas bebericagens. Como era um negócio em que o banco só tinha vantagens, ninguém podia meter o nariz. Mesmo assim, era difícil tocar aquilo adiante.

Por chamar o BCN de Banco da Cultura Nacional, eu achava que o banco tinha de ser inovador na arquitetura. Levei essa minha filosofia voltada para a arte então para o projeto de expansão dos escritórios do banco, cuja sede acabou ficando apertada. No final dos anos 1970, o BCN continuava com sua sede na rua Boa Vista, mas com o crescimento já tinha passado a

A RIQUEZA DA VIDA

ocupar um espaço na Florêncio de Abreu, outro em um edifício perto da praça João Mendes, e os 31 andares do Andraus, aquele prédio que foi todo reformado, depois de pegar fogo em 1972. Estávamos atolados, por falta de espaço. Por mais que quiséssemos, não tínhamos o hábito de fazer esse tipo de planejamento de longo prazo. Precisávamos de um centro administrativo em outro lugar. Como responsável pela infra-estrutura no banco, coube a mim resolver a questão, o que procurei então fazer do meu jeito.

Compramos um terreno baldio na avenida José Antônio Muniz, na Barra Funda, uma zona muito feia, depois do viaduto que passa em cima da estrada de ferro. Ali só havia uns terrenos baldios. Para fazer o projeto, peguei o meu amigo Jacó Ruchti, cujo trabalho eu adorava, especialmente depois que ele fez o Piccolomondo. Jacó tinha uma idéia mais que correta: quando você não tem nada para ver pela janela, num lugar feio daqueles, não se faz janela alguma. Só havia um problema: e para convencer meus irmãos de que tinha de ser aquele prédio, provido só com umas seteiras?

Enquanto estávamos discutindo os aspectos práticos da arquitetura, o projeto perdeu sentido, porque naquele lugar só dava para construir 42 mil metros quadrados e já precisávamos de mais. Apareceu então uma oportunidade em Alphaville, onde Yojiro Takaoka e Renato Albuquerque estavam começando o empreendimento que se tornou o mais bem-sucedido condomínio fechado do Brasil, com uma ampla área para empresas e serviços, a trinta minutos de carro de São Paulo. Takaoka era muito caprichoso e imaginativo. Na entrada de Alphaville, plantou aquele pinheiral enorme — sabia que verde vende, porque é bonito. Fez casas lindas no primeiro condomínio fechado, o Alpha 1. Adicionou a isto um clube, com piscina, pista de skate. Resultado: atirou no coroinha e acertou no ajudante de Deus. Daí adiante, aquilo foi de borbotão. Compramos lá uma área de 300 mil metros quadrados, que seria nosso centro administrativo.

As obras começaram em meados da década de 1970. O projeto, de certa forma, saiu de um velório. Jacó tinha morrido. Quando fui lhe prestar minha última homenagem, vi um camarada perto do caixão, enrustido numa cadeira. Perguntei quem era. Chamava-se Lélio Machado Reiner. "Eu trabalhava com o Jacó", disse. Não tive dúvida. Convidei Lélio, que era muito calado, mas tinha uma noção arquitetônica extraordinária, e o levei para projetar o BCN de Alphaville.

Lélio projetou um conjunto de prédios, cada um com o térreo, mais três andares, em forma de cubo. Com tijolo aparente e estrutura de concreto, não precisavam de elevador, nem de arcondicionado. O telhado, onde se podia andar, era gramado. Os prédios eram isolados, mas se intercomunicavam: tudo simples, elegante e bonito. No edifício central, onde ficava a diretoria, havia um auditório de 360 lugares, preparado para ser um teatro de verdade, com uma acústica fantástica. Na entrada, colocamos esculturas do Bruno Giorgi. No térreo do prédio principal, um salão de pé-direito altíssimo, as paredes foram decoradas com quadros gigantescos de Tomie Ohtake, Eduardo Sued, Carlos Vergara, Cláudio Tozzi e esculturas de metal de José Resende. O centro administrativo do BCN saiu até em revista de arquitetura no Japão.

Inaugurado em 1982, o complexo tinha 49.530 metros quadrados de escritórios, com 23 quilômetros de tubulações de água e esgoto, quase 5 quilômetros de ruas, com guias e sarjetas. Quando tudo ficou pronto, foram para lá 3.200 funcionários, que recebiam refeição ali dentro todos os dias. Para transportar aquela gente, havia 15 linhas de ônibus contratados pelo BCN, que faziam mais de cem viagens diárias. Somente para os carros de funcionários, havia um estacionamento com seiscentas vagas.

O centro administrativo ficava mais longe de São Paulo, mas aquilo era o futuro — hoje, Alphaville é praticamente outra cidade. E, do ponto de vista financeiro, valia a pena. Eu não acharia pelo mesmo preço um terreno daquele tamanho em São Paulo. E a obra toda custou uma relativa bobagem: 18,5 milhões de dólares. A razão é que nós já vínhamos nos preparando para ela. Descobri que era muito melhor comprar material de construção do que emprestar o dinheiro, porque o governo na época tinha tabelado tudo, até a inflação.

No final, o imóvel valia muito mais. Cada prédio daqueles era uma unidade que podia ser vendida de forma independente. Para completar, sobrara uma montanha de espaço no terreno, aproveitável para outros empreendimentos: a gordura no negócio. Mais tarde, o centro administrativo seria comprado pelo Bradesco e terminaria nas mãos da Brascan. Foi vendido por uma pechincha. Se você quiser ficar muito rico, compre imóvel de banqueiro: eles o vendem por qualquer preço. Têm problemas com índice de imobilização, impostos, todo tipo de chateação. Fui banqueiro 35 anos: nesse tempo todo, meu melhor negócio foi comprar agências de outros bancos. Para ganhar dinheiro à custa do meu irmão Pedro, que era considerado um bom banqueiro, era só comprar imóvel dele. Queria apenas ver a cor do dinheiro, que afinal de contas é a mercadoria do banco.

Mesmo com o centro administrativo que inauguramos, a história do Banco da Cultura Nacional nunca deu certo. Como o banco não encampou o projeto, ele acabou morrendo. Aos poucos, deixei minha participação nessa área. A Art nunca deu dinheiro — nem era para dar mesmo, assim como a agência do BCN Turismo, também inventada por mim, que existia só para fazer bilubilu nos clientes. Rolim, que foi um extraordinário homem de marketing — sabia agradar os clientes como ninguém —, me apoiava, indicando pessoas para a agência. No entanto, para levar esse tipo de coisa adiante, é preciso ter conosco gente capaz de entender que às vezes os melhores negócios não são os que dão resultado imediato. Para banqueiros como Pedro e Arlindo, aquilo era muito difícil de explicar. Como a agência era deficitária, e eu insistia naquilo, meus irmãos ficavam loucos comigo. Também não entendiam como investir em arte renderia dividendos. Eu percebia que aos poucos se cavava um fosso entre nós, cada vez mais de difícil transposição.

Naquele início dos anos 1980, eu também queria modernizar o banco, mas havia muita resistência por parte dos meus irmãos. O BCN era extremamente lucrativo. Assim sendo, eles perguntavam, por que mudar? Eu, insistente, resolvi chamar meu plano de modernização do BCN de Operação Progresso. Como eles não entendiam o que eu falava, passei a escrever; eu me comunicava só por meio de bilhetes. Levantava às cinco horas da manhã, ia para a escrivaninha e escrevia horrores. Queria definir, no papel, qual o caminho que a empresa deveria ter, e aquela que eles queriam que tivesse. Quando alugamos aquele primeiro computador do tamanho de uma sala, no início de 1965, eles já me gozavam. "Você pensa em criar a IBM?", diziam. Com a modernização, era a mesma coisa.

Eu dizia que não se tratava de mudar o BCN, mas de criar um banco paralelo. Nós tínhamos o banco comercial, o de investimentos, a financeira e o *leasing*. E eu queria fazer outros negócios. Tinha uma porção de idéias, mas o medo do sujeito, quando está ganhando dinheiro, é mexer. Eu dizia a Pedro: "Ninguém está querendo que você deixe de ganhar dinheiro nas suas duplicatas, nos seus papagaios. Mas vamos fazer um banco paralelo, que vai ganhar dinheiro." Mais dia, menos dia, isso tinha de acontecer.

Eu pretendia montar a estrutura de um banco de investimentos, para fazer fusão e aquisição, tudo o que muitos bancos estão fazendo até hoje, e não param de ganhar dinheiro. Naquela época havia até conversão de dívida externa, o mecanismo que permitia a um credor do governo brasileiro receber seu dinheiro na forma de um investimento no Brasil.

Acabou não acontecendo, porque a inflação na época acomodou os bancos. Para que se dar àquele trabalho, se já estava tão bom? Ganhar dinheiro fácil acaba se tornando um problema, porque você não faz nenhuma força para melhorar. A conseqüência disso é o fato de que única coisa moderna nos bancos brasileiros hoje é o sistema de informática. O resto... deixa a desejar.

Os negócios que criei fora do BCN também não agradaram. No tempo em que não tinha vídeo, contratei Jean Manzon, cineasta, para fazer um documentário sobre tudo o que havia no BCN, fora do banco. Lázaro Brandão, do Bradesco, um dia viu o documentário, lá no auditório do nosso centro administrativo. Depois me disse:

— Puxa, não sabia que vocês tinham tudo isso.

— Você e ninguém mais aqui dentro — respondi.

Por fim, cheguei à conclusão de que eu estava atrapalhando o negócio. Em 1986, escrevi aos meus irmãos uma carta dizendo que abdicava do direito de mandar. Arlindo ficou muito brabo comigo. Mas o que eu fazia não encontrava ressonância. Eu disse a eles: "Vamos ser honestos: vocês não estão interessados no que eu acho que é preciso fazer. E, quando há desentendimento, isso se reflete nos andares inferiores." Abri mão do direito de mandar, mas comecei a importunar. Eu fazia críticas, construtivas, das coisas que não estavam sendo feitas de modo correto.

Minha idéia de ficar fora da administração, como crítico construtivo, também não deu certo. No final desse processo, acabei por vender minha parte no BCN para meus irmãos. Com o tempo, a antiga harmonia entre os irmãos vai mudando. Os filhos crescem, dão palpite, entram no negócio, já não fica tão fácil. Além disso, eu não agüentava mais Banco Central, governo, mercado financeiro. Cansei do clube do bolinha.

Saí do BCN em 1989. Mesmo depois que fui embora, deixei lá umas células que se multiplicaram. Foi feito um trabalho de infra-estrutura razoável, muito aquém daquilo que eu queria, mas que o Bradesco, ao comprar o BCN mais tarde, absorveu como uma maneira inteligente e bonita de fazer as coisas.

Na saída, fiquei com o que eu criara lá dentro. A Codeara. A Mineradora Roncador. A criação de gado e a *trading* no Uruguai, que chegaria a exportar têxteis, frutas e calçados para os Estados Unidos. Uma corretora e uma distribuidora, a Jade. Um monte de coisas. Tudo isso para ninguém ter o direito de abrir a boca. Disse aos meus irmãos: "Me paguem pelas minhas ações, em parte, com os investimentos dos quais o banco participou." Assim, limpei do BCN todo aquele complexo que inventei e meus irmãos nunca quiseram. Só tinha encrenca. E da grossa.

Eu pago por aquilo que falo. Disse a Pedro: "O mau administrador é aquele que tem surpresas." E fui o primeiro a tê-las. Como no tempo em que ficava no banco olhava pouco os meus outros negócios, ao me dedicar somente a eles descobri por que iam mal. O único amador que vi ganhar dinheiro foi Aguiar, do Bradesco. Aquelas empresas todas eram muito mal administradas, não podiam dar dinheiro mesmo. Tive de colocar tudo em ordem. Aos poucos, precisei também desistir de minhas teimosias, como as fazendas do Sul, e outros negócios para os quais não tinha tempo. Foi duro.

23 Arroz com camarão

Entre os negócios que ficaram comigo, oriundos dos meus tempos do BCN, estava uma sociedade com Érico Ribeiro de plantação de arroz irrigado, perto de Porto Alegre do Norte, com 50 mil hectares. Chama-se Vitória do Araguaia. A idéia tinha sido minha. Fui buscar Érico porque era considerado o rei do arroz.

O que Érico queria era a área de varjão porque o varjão tem que ser impermeável para poder conter a água da chuva e da irrigação. Daí o nome. A Codeara tem um varjão assim, que por sinal é muito bom.

Com ajuda dos seus técnicos, Érico escolheu uma área de varjão não muito longe da BR-158 e da cidadezinha de Porto Alegre do Norte. Compramos a área, com Érico sócio majoritário, e fizemos ali um projeto Sudam para plantar arroz irrigado.

Mais uma vez, tratava-se de pioneirismo na região, se bem que lá em Goiás, hoje Tocantins, já existia e ainda existe um enorme projeto dos gaúchos que por vários motivos não andou como previsto.

Fizemos 3 mil hectares para sistematizar a área de plantio do arroz irrigado. A água era bombeada do rio Tapirapé. Fizemos um canal para trazer também água do Riozinho. Por vários anos plantamos e colhemos arroz, mas nada que pudesse animar. De comum acordo com Érico, tentamos mudar o projeto para criação de gado. No entanto, a Sudam foi extinta e as complicações disso, como se pode imaginar, foram muitas.

Na Codeara, construímos uma barragem aproveitando um programa do governo chamado "Pró-Várzea". Daria para plantar por volta de 400 hectares de arroz irrigado. O destino não foi melhor que o do outro projeto. Resolvi transformar a área que seria de arroz em pasto, só que para pasto, em vez de 400 hectares, conseguimos uma área de 1.600 hectares com influência da barragem. Não houve nenhum milagre. Para irrigar arroz são necessários muito mais litros de água por hectare, porque é uma inundação; no caso do pasto, a barragem ajuda a simplesmente levantar o lençol freático. Depois de plantarmos o pasto, aproveitamos o lugar para fazer a engorda do gado. A vantagem do pasto irrigado é que ele suporta um número três vezes maior de animais.

Outro empreendimento que ficou comigo na separação do BCN foi o do camarão. Havia uma empresa, chamada Confrio, cujo dono, Rubens Gasparian, primo do ex-deputado Fernando Gasparian, muito amigo do ex-presidente Fernando Henrique Cardoso, era meu amigo de infância. A Confrio era cliente do BCN, na rua Boa Vista. A Confrio fazia captura de camarão, com uma frota arrendada de coreanos, em Belém do Pará. Colocava os camarões em blocos de gelo, embalados em uma caixa muito bacaninha, que ia para o supermercado. Com essa apresentação de primeiríssima, havia uma aceitação muito grande do produto nos Estados Unidos.

A Confrio fazia também palmito. No Sul é o palmito juçara, grande, cremoso. Mais recentemente, começou a fazer sucesso o palmito pupunha. O da Confrio, com a famosa marca "Cai-

A RIQUEZA DA VIDA

çara", era feito daquela palmeira que está na moda como energético, e que já foi sustento dos pobres do Maranhão e do Piauí, de onde é nativa: o açaí.

Apesar das boas idéias, a Confrio ficou devendo muito dinheiro na praça. Estava praticamente falida. Foi feito um acordo entre os bancos credores, uma espécie de operação socorro, e fomos eleitos os administradores da encrenca, porque éramos os maiores credores. Quando entramos na Confrio, entre outras barbaridades, descobrimos que os capitães dos barcos coreanos tratavam os marinheiros a chicote — Gêngis Khan, perto deles, era piada. Chegamos a recuperar mais de 11 milhões de dólares de prejuízo. Contudo, achei que pescar o camarão no mar não era tão boa idéia — havia muito roubo de carga. Tive a idéia de fazer uma fazenda de camarão. Em primeiro lugar, podiam-se utilizar incentivos fiscais — ah, eu não perdia um. No caso, era um financiamento de longo prazo, a taxa de juros civilizada, vindo de um fundo para a pesca administrado pelo Banco do Brasil. O esquema da Confrio continuava, mas nós teríamos também um criatório, não dependeríamos tanto da pesca.

Havia criatório de camarão no Equador, o único lugar do mundo com condições semelhantes às do Brasil. Essa indústria tinha começado lá por acaso, devido a uma antiga rusga. O Peru andou bombardeando umas praias equatorianas, onde ficaram crateras. A água do mar vinha, com os alevinos, e ali naqueles buracos se criavam camarões, do tipo vannamei. Fomos buscar um biólogo equatoriano, que andou por toda a costa brasileira e descobriu que o melhor lugar para se criar camarão era a região de São Luís, no Maranhão. Lá a maré tem uma variação de 7 metros entre a cheia e a vazante. Escolhemos instalar a fazenda no rio Perizes. Por aquele sistema de *ponds* (pequenas bacias), feito piscinas, não era necessário reproduzir o camarão: eles apareciam sozinhos, vindos do mar.

Não fui só eu que embarquei na onda do camarão. Na Bahia, no Rio Grande do Norte e em outros estados surgiram muitas fazendas. Eu não tinha meios para cuidar bem do criatório, nem para pesquisar qual era o camarão que dava certo. Ficou um fazendão lindo, mas acabei me desfazendo daquilo, porque dava trabalho, mas não dava lucro. A produtividade não fazia os números fecharem. Havia detalhes incríveis. O camarão ia engordar em função do que comesse. E como lhe dar alimento? Era preciso fazer um *pelet*, onde o camarão gruda para comer. Ninguém conseguia fazer aquilo direito, porque esfarinhava. Esse foi o nosso Waterloo.

Quando você trabalha com empresas lucrativas, não enxerga tanto os erros. Quando trabalha com empresa que não dá lucro, vê logo os fios da meada. Pouco depois que saí do banco, vendi a fazenda de camarão ao filho do ex-governador de São Paulo, Paulo Egídio Martins. Na verdade, praticamente a entreguei: ele ficou com tudo quase pelo valor do passivo do projeto. A verdade é que entrei nesse ramo muito cedo. O tempo mostrou, porém, que eu não estava errado. Em 2003, o Brasil já exportava 373 milhões de dólares de camarão, o que comprova o potencial do mercado. Quem esperou, ganhou dinheiro.

Demorei muito a me decidir com que negócios ficar. No início dos anos 1990, me ofereceram a rede de lojas Fotoptica. No final, escolhi o ramo imobiliário, onde estou há três anos, em São Paulo e, em menor escala, em Porto Alegre. Mantive um negócio que era meu e de meus irmãos, na ilha do Guarujá, a uma hora de carro de São Paulo: Tijucopava.

Depois da praia do Perequê, há um maciço que chamam de Serra do Guararu ou Rabo do Dragão. Por volta de 1970, apareceu a oportunidade de comprar uma quantidade grande de terras, que vai até a praia de Tijucopava. Depois dela, no sentido do fim da ilha, há ainda as praias de São Pedro e Iporanga, entre outras. No final, ficamos com uns 2 milhões de metros quadrados ali, com uma praia exclusiva. Quando saí do BCN, fiquei com tudo aquilo. Essa é uma história totalmente diferente das outras, da qual ainda vai sair muita coisa muito boa.

Naquela região só havia uma estrada, feita pelo João Paulo Arruda, proprietário de um pedaço de terras que dão na praia de São Pedro. Saía do asfalto, cruzava a serra e chegava no mar. A primeira construção da estrada, feita de modo artesanal, foi muito boa. Quando ele quis colocar máquina, para ampliá-la, se arrebentou inteiro. A primeira aula prática de geologia que tive, no terceiro ano da Politécnica, em 1953, foi na serra do Mar. Aprendi que toda essa região é um angu de caroço, porque é formada por camadas permeáveis, existentes sobre superfícies impermeáveis. Por isso, quando chove muito, o solo permeável perde a aderência e há o deslizamento. Você não pode tirar a vegetação, caso contrário escorrega tudo. Quando a chuva é grande, acaba lubrificando a superfície impermeável e o solo, permeável, perde a aderência e vem o escorregamento.

Nunca me esquecerei daquela minha aula de geologia porque naquele mesmo dia recebi uma das notícias mais tristes da minha vida. Meu pai estava naquele hotel do Gonzaga, Parque Balneário, em Santos. Como o velho Chico era muito severo, pensei que se fosse até lá, ele pensaria que eu estava cabulando aula. Voltei para São Paulo, quando minha sobrinha, hospedada com ele no hotel, telefonou para dizer que meu pai tinha falecido.

Como eu havia aprendido que devia ser, nossa estrada foi construída de maneira semi-artesanal, devagar, com muito cuidado. Logo que o leito era rasgado, replantávamos a vegetação nas partes superiores e inferiores. Claro que houve gente que reclamou. Estávamos fazendo loteamentos, ou desenvolvimento urbano, numa área com mata. Não demorou, começou essa

• 217 •

salada ambientalista, patrocinada por sujeitos que só querem aparecer em televisão. O que aconteceu? Uma criatura lá arrumou uns abaixo-assinados, porque achou que a estrada que fizemos tinha acabado com o mundo. Contar essa história é até monótono. O fato é que ficamos cinco anos sem poder mexer num pé de grama. Como passamos a ser visados, forcei a criação de uma associação, batizada de Adelg: Associação do Desenvolvimento Turístico do Leste do Guarujá. Um prefeito do Guarujá, chamado Rui Gonzáles, mais o presidente da Condephaat na ocasião, se reuniu com os proprietários de terra daquele lado da ilha e fez um discurso da maior propriedade, dizendo que nós devíamos provar que a iniciativa privada podia andar em parceria com o Estado. E deveríamos fazer um projeto conjunto para se tornar parte de um plano diretor do Guarujá.

O projeto de Tijucopava havia sido feito pelo arquiteto Miguel Juliano. Em nosso plano de ocupação da área, sob a supervisão dele, fizemos tantas exigências para nós mesmos que a Secretaria Estadual de Meio Ambiente nos isentou da análise de impacto ambiental. Temos a planta aprovada para construir pelo Condephaat, que, além do patrimônio histórico, cuida também do patrimônio natural. A idéia inicial era fazer um condomínio, onde havia um apart hotel que abraçava o morro, uma beleza de projeto, no qual minha parceira foi a Andrade Gutierrez. Além do apart hotel, havia ainda mais uma série de lotes, com área aproximada de 1.500 metros quadrados, para casas servidas de luz e água. Ali, você ficava longe daquele burburinho do Guarujá, num lugar desbundante, com praia exclusiva, mata e tudo organizado.

Meu excelso colega de Politécnica e de futebol, Mário Covas, precisa ser invocado aqui. Édis Milaré, que era secretário do Meio Ambiente, hoje um dos mais categorizados advogados do ramo, a nosso pedido nomeou uma comissão para avaliar

A RIQUEZA DA VIDA

aquele camelo parecido com cavalo que chamam de Plano Diretor do Guarujá. Milaré saiu do governo, entrou em seu lugar o homem que inventou o rodízio de carros na cidade de São Paulo, Fábio Feldmann, e a coisa não andava. Um dia me aborreci. Escrevi uma carta para Covas, então governador. Falei: "Poxa, qualquer um recebe resposta neste país, e nós, sobre o nosso pleito de aprovação do plano diretor, não ouvimos nem um ai. Não quero que mande aprovar, só que seja examinado." Covas deu trinta dias a Fábio Feldmann para dar a resposta.

Dessa vez, criou-se um grupo de trabalho sério, comandado por um sujeito da melhor espécie, João Roberto Rodrigues, que com Miguel, mais o DPRN, Ibama e não sei mais quem, trituraram aquilo tudo e disseram afinal o que, onde e como se podia fazer alguma coisa naquela área. O Plano Diretor foi para o prefeito, depois para a Câmara, e sancionado como sendo parte do Plano Diretor do Guarujá em 1998.

Passamos então a ter uma lei regulamentando aquilo. Podemos imaginar uma montanha, que começa no canal de Bertioga, sobe até trezentos metros e depois desce para o mar. Fatiando a serra do Guararu, primeiro fica o topo, que é intocável. A segunda fatia é também reserva, mas com o manejo ambiental pode ser ocupada, desde que a flora e fauna sejam devidamente respeitadas. Nessas áreas, decidimos implantar o Parque Ecológico da Serra de Guararu. Na encosta do canal pode se ocupar somente até a cota de vinte metros. A encosta do mar se permitiu ocupar de acordo com a lei do Plano Diretor.

Entre os mais de trinta proprietários da área que compraram a Serra de Guararu, somente seis estão empenhados em construir a base do parque. Isso nada mais é que do que constituir uma RPPN, isto é, uma Reserva Particular do Patrimônio Natural. Só com os seis proprietários, já temos um parque de 6 milhões de metros quadrados. Com a adesão dos outros, o parque

• 219 •

pode chegar a 17 milhões de metros quadrados. Imagine uma reserva dessa a pouco mais de uma hora de São Paulo.

No ramo imobiliário, meu risco é do loteamento, não de esperar o câmbio, a bolsa do outro lado do mundo e assim por diante. Enquanto o mundo financeiro vai indo para os negócios virtuais, estou cada vez mais com o pé no chão. Vamos correr o risco do trabalho. E posso continuar levando adiante meus ideais, voltados para ganhar dinheiro, mas que não deixam de lado outras preocupações. No parque ecológico vai ter professor, que levará as crianças para ver passarinho e bicho-preguiça na mata Atlântica. Terá a ruína do forte de São Pedro, na ponta da ilha do Guarujá, do século XVI, que é também importante de se visitar — vale por uma aula de história. E caminhos nas árvores, anfiteatros, cursos. O parque não terá fins lucrativos. Tudo o que se arrecadará será dele.

Para tocar as obras, será feito o manejo ambiental. Para mexer um único bicho do lugar, será preciso também levar para a área de preservação tudo de que ele precisa. O próprio parque só poderá ser instalado com a garantia de que a vida dos animais não será perturbada. Reconheço isso como algo da maior validade. Por causa desse projeto, saiu uma reportagem na revista *IstoÉ Dinheiro*, me chamando de "Conde Verde". Eu, que já fui o banqueiro mais pobre do Brasil e o Manduca do Chocalho, agora sou isso também.

Dessa experiência tiro que, mesmo usando o que é seu, e colaborando com o Estado, você enfrenta dificuldades absurdas. Apesar disso, por ter mentalidade de pessoa jurídica diferente de pessoa física, que morre e desaparece, resolvi uma coisa. Nem que leve cinqüenta anos, vamos refazer em todo o parque a mata Atlântica original, que hoje apresenta apenas resquícios do que foi. Tenho certeza de que o Instituto Litoral Verde — nome da Oscip, que se encarregará da constituição e administração do parque — será citado em tudo quanto é país, porque a mata Atlântica virou referência de preservação ambiental, como a Coca-Cola para os produtos de alto consumo. Já existe uma ONG estudando marisco e ostra no canal de Bertioga, num projeto que melhorou a vida da população local. Haverá também um projeto de desenvolvimento sustentado na mata Atlântica. Com o nosso instituto, virá até japonês fotografar bicho-preguiça aqui.

24 Nasce um país

Você conhece a piada do brasileiro que foi para o inferno? O brasileiro se aproximou e o diabo disse:

— Primeiro, uma questão prática: você quer o inferno suíço ou o inferno brasileiro?

— Não sei. Qual a diferença? — disse o brasileiro.

— No suíço, você come um balde de merda por dia. No brasileiro, dois baldes de merda por dia. Qual você prefere?

— O brasileiro, é claro.

O diabo riu:

— Eu pensei que você fosse só malandro. Burro, não!

Foi a vez, então, do brasileiro dar risada:

— Nãão... Eu é que sei muito bem como são as coisas. O suíço vai ter balde e merda todo dia. Com o brasileiro, no primeiro dia vai faltar a merda, no segundo faltará o balde.

Essa piada resume, no fim das contas, minha experiência com agricultura na Codeara.

Depois de sair do BCN, minha idéia não era vender a Codeara, mas de fazê-la dar certo. Eu tinha de diversificar. Além de todas as experiências que eu já tinha feito, parti para a área agrícola. Plantamos soja em pequena quantidade. Naquela região há um bocado de morro, onde a soja não dá lucro, mas na parte plana qualquer soja que você planta é nota dez. Firmamos um convênio com a Embrapa para ver se dava soja, e deu.

Em 2002, foi feito um experimento que estourou a boca do balão. Com a Embrapa, foi feita uma experiência com dez variedades de soja, seis variedades de arroz de sequeiro, que é o arroz não irrigado, e pasto. Aprendi, com o pessoal da Embrapa, o que eles chamam de cultivar — a semente produzida. Entre as dez variedades experimentadas na Codeara, as quatro melhores deram uma produção de mais de sessenta sacos por hectare. Os americanos não chegam a 38. O Rio Grande do Sul alcança os 35 sacos. Isso tudo graças a quê? Conforme descobri com a Embrapa, a semente propriamente dita, que todo mundo acha ser o mais importante, só tem 5% de influência na produtividade. O resto é clima, insolação, e principalmente manejo: onde, em que hora e de que jeito se planta. Sem isso, você pode ter a melhor semente do mundo. Não dá nada.

Fizemos experimentos com forrajeira, que é capim, arroz de sequeiro e soja. A soja foi o melhor. Ficou provado ser essa a vocação do Araguaia.

O pessoal da Companhia Vale do Rio Doce sempre teve interesse na área agrícola, em Água Boa, Querência, na própria fazenda Suiá, onde já se plantava soja há bastante tempo — cinco anos atrás, a produção já era de um milhão e meio de toneladas. Eu era amigo deles e dizia que a Vale precisava aproveitar mais toda a sua logística — o porto de Itaqui, mais a Ferrovia Norte-Sul, a estrada de ferro iniciada pelo José Sarney, que andou um bocado e eles administram. A convite deles, eu já havia até andado nessa ferrovia, de São Luís até Imperatriz, dali a Porto Madeira, onde embarca a soja hoje, no Maranhão, vinda de caminhão de Conceição do Araguaia, onde tem uma ponte sobre o rio.

A RIQUEZA DA VIDA

O porto estava todinho armado, tudo feito apenas para o minério. A logística da Vale era perfeita, mas eles estavam jogando tempo fora, tinham de aproveitar aquela estrutura também para escoar grãos.

Um dia, falei: "Vocês têm carga aqui, por que não levam tudo?" A idéia era utilizar a mesma infra-estrutura de transporte do minério para fazer sair a soja do nordeste do Mato Grosso, e escoá-la a partir do porto de Itaqui, no Maranhão. Então a Vale contratou uma empresa mista de consultoria agrícola, chamada Campo. Os consultores da Campo foram na nossa região, fizeram um levantamento da área e verificaram a existência de um milhão e meio de hectares para plantar soja. A Vale viu o potencial.

Fizeram uma experiência. Em 10 de maio de 2002, o Adalberto Tokarski, aquele mesmo que dirigira a Apamara, armou na porta da Suiá um grande evento agroindustrial. No final, saíram de lá 62 carretas para fazer a viagem inaugural da soja rumo ao porto de Itaqui. Participaram todos os grandes produtores de grãos, como a Cargill. Foi um sucesso. Nesse dia, quando se cristalizou a solução do transporte na região, havia lá na Suiá uma faixa gigante, colocada pelo Tokarski: "Armando Conde, um abnegado." Fui mesmo. E não me arrependo. Lutei para fazer com que a Vale assumisse o papel de líder agrícola da região. E o Araguaia dar certo.

Se a ferrovia Norte—Sul chegar até as colinas do Tocantis, em Tocantins, a Vale se dispôs a fazer um ramal por conta própria até Couto Magalhães, onde está a ponte e o rio Araguaia é tranqüilamente navegável. Ali nós já embarcamos calcário para as plantações de Santa Terezinha, de Santa Isabel e outros lugares, na mineradora que ainda tenho.

Eu não quis entrar em mais essa fase de desenvolvimento do Araguaia. Segundo os italianos de Rondonópolis, ao sul de

• 225 •

Cuiabá, que investem direito no ramo da soja, o custo para fazer uma plantação como manda o figurino é de mil dólares por hectare. Para tocar aquilo adiante, numa área de 40 mil hectares, portanto, seriam necessários 40 milhões de dólares. Eles sabem do que estão falando. Para chegar ao que queriam, cruzaram mais de 170 mil variedades de soja. Há uma semente de soja, que eles batizaram de uirapuru, que chega a dar oitenta sacos por hectare. Não é só a semente. Eles conhecem do riscado: o clima, a insolação, a própria terra. E sabem fazer o manejo — a administração —, sem atrapalhar-se, como foi o meu caso.

Esses sujeitos de Rondonópolis sonham com soja, dormem com ela, o negócio deles é preciso. Adilton Sachetti e sua família, um dos principais, planta 50 mil hectares por ano de algodão e soja, coisa de primeiríssima. Tem uma fazenda de 5 mil hectares plantados de um algodão de fibra longa, cujo aproveitamento industrial é até 30% maior do que era antes das melhorias genéticas, de maquinaria e de manejo. Nessa montanha de terra, colhe também cinqüenta sacos de soja por hectare, em média. Para chegar a esse resultado, na fazenda que planta algodão e que tem 5 mil hectares de extensão, investiu em equipamentos mais de 5 milhões de dólares. Não é coisa para criança. E eles ganham dinheiro. Com o crescimento das *commodities*, ainda mais. Foi de uma maneira meio tosca que apareceu a Teoria dos Três Balancinhos... imaginei que o empreendedor do Playcenter começou com um balancinho e ganhou dinheiro e fez o segundo balancinho, depois o terceiro, aí fez uma rodinha e é o que é hoje. Aí apareceu o pessoal, grandes empreendedores, que resolveram fazer de uma vez só o Hopi Hari e todos sabem que o resultado foi bastante negativo. O bom mesmo, quando é possível, é começar com "um balancinho". Os Sachetti, o Blairo Maggi, outro grande plantador de soja, todos trabalham de passo em passo. É como meu pai, que começou a vida dele em

Barretos, depois fez a casa bancária, foi juntando dinheiro, tudo devagarinho.

No Araguaia, ficou todo mundo aceso com o preço da soja. Blairo Maggi, ainda antes de se tornar governador do Estado do Mato Grosso, em cima da caminhonete da Codeara, um dia já tinha me dito: "Armando, o dia em que houver transporte, quem não vier plantar soja aqui não é do ramo."

O Blairo sempre entendeu de agricultura, é um dos responsáveis pela virada do Mato Grosso, graças a esse esforço de resolver o problema do transporte no Estado. Cumpriu o acordo de asfaltar e manter o trecho da BR-158 na nossa região, algo que pedíamos desde 1976. Nós no Mato Grosso temos um imposto sobre o gado, destinado à conservação de estradas. Nunca ninguém conservou nada, e ele fez. É um sujeito batuta.

No dia em que se abriu a possibilidade do transporte, todo aquele lugar floresceu. Graças à soja, a região foi revalorizada. Por isso, digo que não fui eu que vendi a Codeara, ela é que foi comprada. No meio daquele festival da soja, de repente me ofereceram um preço irrecusável. A Codeara nunca esteve à venda, mas aceitei a oferta. Acabou-se a dor de cabeça. Não tinha acertado em quase quarenta anos, por que continuaria?

Sempre fui um segurador de fio desencapado, peguei alguns desafios muito complicados. Mas cheguei à conclusão de que, por mais que fizesse com a Codeara, eu não iria muito adiante.

Veja os Estados Unidos: não sei como os americanos ganharam a Segunda Guerra, tantas são as bobagens que fazem. Mas o país criou uma massa crítica que suporta a existência de um monte de problemas. A mesma coisa acontece nas empresas. Um amigo meu, aposentado da IBM, disse: "Você sabe o que fiz com o meu filho? Mandei ele para a Motorola, na Califórnia, para saber como não se trabalha." No BCN mesmo, havia um monte de erros. Contudo, num negócio lucrativo, eles não faziam tanta diferença. Uma burrada no banco, pequenininha, é claro — deixar de ganhar aqui e ali — é absolutamente normal. E pouco representa. Você pensa que não tem burrada em banco, no Bradesco, no Itaú, nos outros? Claro que tem burrada, só que eles são lucrativos. O velho Rockefeller dizia que o melhor negócio do mundo era o petróleo, e o pior negócio do mundo era o petróleo mal administrado.

Enquanto isso, num negócio em que se tem de dar o máximo esforço pelo lucro, você não tem massa crítica para suportar o erro. A lógica nem sempre dá lucro. E você não pode errar. A Codeara dava um lucrinho, mas pelo trabalho que eu tinha, não valia a pena.

Depois de 38 anos, vendemos 100 mil hectares de terra em noventa dias, em três partes, duas de 40 mil e uma de 20 mil hectares. Isso foi possível porque tínhamos preparada toda a documentação, com licença ambiental única, fotografia de satélite. A procura era muito grande. O Grupo Frigorífico Bertim/ Rema, de Lins, em São Paulo, que ficou com 40 mil hectares, já vendeu grande parte das terras para um terceiro — plantador de soja de Rondonópolis.

O cenário que está se formando no Araguaia promete grandes coisas. Deus queira que ainda seja aprovada a hidrovia do Araguaia. Com ela, poderia sair uma balsa com soja da Codeara, ou do rio das Mortes, e dar em Belém do Pará, direto. Para se fazer uma comparação, a soja do meu amigo Sachetti sai de um lugar chamado Sapezal, ao norte de Cuiabá, vai mil quilômetros de caminhão até Porto Velho, desce pelo rio Madeira, por meio de um esquema feito pelo Blairo Maggi, e desce até o rio Amazonas. Lá a carga vai até o porto de Itacuruçá, onde tem um desmonte, ou seja, um remanejamento de carga, que vai para um silo, do silo para um navio de 100 mil toneladas, antes de andar milhares de quilômetros para sair pelo mar afora.

A RIQUEZA DA VIDA

De todos os que foram para o Araguaia nos tempos pioneiros, fui o último a resistir. Todo mundo foi embora da Amazônia e eu fiquei, por quê? Minha principal característica é a teimosia. Ela me danificou, porque a maioria das pessoas que insistem, e continuei insistindo, perde dinheiro. No entanto, meu sentimento ao vender a Codeara foi de missão cumprida. Entre o jeito que as coisas estavam quando cheguei lá, em meados da década de 1960, e o jeito que deixei, cedendo meu lugar para outros trabalharem, há muito suor e lágrimas: minhas e daqueles que trabalharam comigo. Criamos algo numa região que, esquecida pelo Estado, um fim de linha, afinal prosperará.

Ainda fiquei no Araguaia com um pedaço de quase 2 mil hectares, onde está a sede da antiga Codeara — muito simpática, mas muito simples. E uma capela, muito batuta, feita por um arquiteto amigo meu, o João Marques da Costa Neto, uma graça. O escultor das estátuas é o Tati Moreno, que hoje, se não é o melhor, é um dos dois ou três melhores do Brasil: a figura de Nossa Senhora com o Menino Jesus, o Cristo, o são José e a santa Terezinha. Pretendo transformar a Codeara numa espécie de modelo. Do gado, conservei a cabeceira, para usar um termo de vaqueiro, que são as melhores fêmeas, os machos necessários, todos registrados. E há o próprio gado codeara, que também não vou abandonar. Fiquei só com a qualidade. Nessa fazendinha, de mais ou menos 1.200 hectares de pasto, as coisas vão ser do meu jeito, aquele que nunca consegui fazer. Há ainda uma parte de reserva, onde dá para criar uns búfalos.

Na sede da Codeara, que ainda permanece com esse nome, está também a escola Rosalia Iannini Conde, meu orgulho. A melhor paga que tive, quando os vaqueiros foram embora para entrar os plantadores de soja, foi receber um abaixo-assinado das mães, me agradecendo pela escola. Hoje com 150 alunos, ela é a realização de um ideal. É mesmo de excelência, porque

• 229 •

ganha tudo quanto é prêmio, e será cada vez melhor. O antigo hospital de trezentos leitos, que fizemos no início da Codeara para tratar dos doentes, virou um escritório. Se Deus quiser, ainda será aproveitado para expandir a escola, porque faremos lá o segundo ciclo, a qualquer preço. Aprendi uma coisa: o que não custa, não presta. E ali as coisas serão feitas direito.

Em volta, da escola, está o suporte: os currais, onde se fazem os produtos derivados de leite. Você pode tomar lá um iogurte desnatado, feito pelos meninos da escola. Tem os queijos, os embutidos, a pocilga, a horta e a granja comunitárias. Da quarta à oitava série, todos os estudantes ali adquirem uma profissão. A primeira coisa que exigi que fizessem foi higiene e limpeza. As professoras ensinam a escovar os dentes depois da refeição. Pegaram os guris e foram catando papelzinho na Codeara inteira. Eles chegam em casa, ensinam os pais a fazerem a mesma coisa. No início, a escola era para os funcionários da fazenda, mas acabaram vindo crianças da cidade, porque a escola de lá é de qualidade inferior.

Isso para mim é muito importante. Hoje, sem nenhuma demagogia, o sujeito que tiver condições e não pensar em contribuir para a geração de emprego tem pouca importância na humanidade. Minha preocupação com o emprego é astronômica. As pessoas — elas são o que temos de salvar.

25 A função social dos bancos

Penso que entendo mais ou menos de banco, a ponto de dizer aos meus amigos desse mercado, hoje em dia, que a sorte deles é eu não ser mais nem ajudante de contínuo. Senão, deixaria todo mundo doido, reclamaria de tudo, porque as justificativas que eles dão na mídia realmente não convencem ninguém. Por exemplo: muitos dizem que os juros são absurdos porque há inadimplência, justamente quando a inadimplência existe porque os juros são absurdos. Ou, pelo menos, são a causa principal dela.

Na área financeira, onde está o segredo? Se a Selic for baixada até certo ponto, haverá um furo nas receitas dos bancos e eles serão obrigados a emprestar dinheiro de verdade, em vez de emprestá-lo somente ao governo. E, como conseqüência, seriam obrigados a entrar em competição entre si, algo que desaprenderam. Isso não mudou quando entraram no Brasil os bancos estrangeiros. Em vez de estimular a competição, eles é que viram a facilidade e simplesmente copiaram os bancos nacionais, acomodando-se ao mercado como ele já era. Isso é muito ruim.

O mundo substituiu a ação pelas teorias. Não precisamos de nenhuma na área da administração. Teorias da produtividade são mais que válidas, só que são aplicadas e aferidas por espaços muito curtos, o que distorce os resultados. Inventaram esses técnicos, encheram as empresas de economistas, para quê? Se eu gastar menos do que ganho, não preciso de economista. Se gastar mais do que ganho, não há economista que dê jeito. Isso já foi dito em verso e prosa.

O mundo se tornou virtual, o que acaba criando uma fantasia. Vou dar um exemplo que parece tolo, mas tem muito significado. Faço exercício aqui perto da minha casa: caminho no estádio do Pacaembu. Tenho um conhecido, banqueiro, que só anda de esteira. Perguntei: "Por que você não sai para tomar um pouco de sol e andar de verdade?" Ele me respondeu que também andava no estádio, mas achava muito monótono: "Agora eu ando na esteira." Estranhei, é claro — andar na esteira é como andar no deserto. Ele explicou: "É que eu fico vendo na TV o Bloomberg!" Como é possível alguém ter uma vida inteligente, se depende de ser informado pulsativamente dos parâmetros que orientam a sua atividade? O mercado hoje é assim, ficar ali olhando, catatônico: e o dólar, como está? E o índice Dow Jones? E a bolsa? Tudo mudando por minuto.

Essa distância da realidade provocada pelo mundo virtual é o que provoca tantas distorções. As empresas perderam o pé no chão e, com ele, o respeito pelas pessoas, sobretudo o desempregado. O mundo não pode ser como uma bilheteria em que todo mundo atrás vem nos empurrando. É preciso encontrar uma forma de obter o mesmo resultado sem se cometer as atrocidades de hoje. Nos Estados Unidos, uma corretora, a I.F. Huton, comprada pela American Express, que comprara outra menor, demitiu 5 mil pessoas na véspera do Natal. Os americanos perderam a noção de tudo. Um sujeito que faz uma coisa dessas deve ser considerado muito competente no conselho de administração, porque deixará de gastar algum dinheiro. Contudo, não

A RIQUEZA DA VIDA

entende que dessa forma está deixando uma mancha negra que vai se espalhando e tirando a base necessária para se construir frutos duradouros.

O que temos hoje que justifique isso? Será que os homens de negócios não vêem que isso não pode ser? Bill Gates, dono da Microsoft, é o homem mais rico do mundo. Destina uma boa parte do seu dinheiro para obras sociais. Mesmo assim, toma bolo na cara aonde vai. Deve ser por algum motivo.

Uma vez contratamos no BCN Igor Ansoff, para um seminário de Administração Estratégica, assunto no qual ele era um dos melhores, ou o melhor. Esse seminário foi um sucesso incrível. No teatro do BCN, em Alphaville, com aquela acústica perfeita, numa das suas exposições, eu lhe perguntei: como faz o executivo que, temporariamente, tem de não procurar o lucro, porque estaria prejudicando o futuro da empresa? Ele disse: "Você deveria fazer essa pergunta para os fundos de pensão. Eles vão derrubar cada sujeito que dirigir uma companhia que a cada trimestre não ganhar mais do que o outro." Por isso, acho que a empresa particular ainda tem o seu lugar. O dono é que tem poderes para saber o que é certo. E sacrificar o lucro quando necessário, em vez de só buscar resultados imediatistas, que a longo prazo levam ao desastre. Essa devia ser a lógica.

O mercado financeiro pode se sofisticar, é evidente. Contudo, não pode desprezar o ser humano, finalidade de tudo. Não há mais aquele investidor que diz: bem, o João da Silva é um bom investimento. Vamos comprar ações dele. E deixar para os nossos tataranetos. Na minha vida de banqueiro, emprestei dinheiro até para massa falida. Tirei muita empresa da falência, apenas examinando o perfil do dono. Via que, às vezes, ele estava em dificuldade conjuntural. Não era um mau devedor, mas passava por um mau momento. Com empréstimos, conseguia se recuperar. Fiz loteamentos para pessoas que, muitas vezes, ficam desempregadas. Eu lhe dava quatro meses para acertar a vida. Houve caso de um cliente que ficou devendo dois anos e meio. Acertou a vida, pagou e acabou.

Outro bom exemplo foi o do Rolim. Quando ele entrou na Codeara, naqueles idos da década de 1960, me pediu empréstimo para comprar o seu primeiro avião. Continuaria piloto da Codeara e, com aquele aparelho, faria táxi aéreo, auxiliado pelo irmão, João, que iria pilotá-lo. Toda a diretoria do BCN, incluindo meus irmãos, queria me matar. Ninguém financiava avião sem garantia, muito menos para pousar naquelas pistas da selva amazônica. Um acidente ali, e perdiam-se de uma vez o bem, a garantia e o devedor. Mesmo assim, eu o financiei por achar que merecia. Era um trabalhador. O banqueiro tem de tomar também o seu risco. Rolim pagou a dívida, sim senhor. Foi tão bem que acabou convidado pelo Orlando Ometto para voltar à TAM, não mais como piloto, mas presidente e sócio. Em seis meses, tirou a companhia de Ometto do prejuízo. Hoje, a TAM é a maior companhia aérea do país. Quem vai dizer agora que o maluco aqui estava errado?

Muito agradecido, antes de falecer num acidente de helicóptero em 2001, Rolim sempre aparecia para me mostrar os resultados de sua empresa perguntava minha opinião. Eu e ele falávamos a mesma língua: uma companhia aérea não vende avião, vende serviço. Por isso é que ele ia para o aeroporto atender os passageiros às seis horas da manhã. Queria que as pessoas acreditassem nele, que soubessem que levava aquilo a sério. Quem levanta todo dia às seis horas da manhã não faz marketing, faz sacrifício. Rolim era caipirão, isso era o que eu mais gostava nele. Já empresário bem-sucedido, quando fez contratos de 2 bilhões de dólares para comprar uma leva de Air Bus e o dólar disparou, ele me dizia dobrando os erres, daquele jeito do interior: "Armando... eu era pequeno e rico, agora sou grande e pobre." Mas resolveu seus problemas e continuou crescendo. Isso porque era um homem com noção de que o capital da empresa servia aos clientes, não a seus interesses particulares.

Ficamos grandes amigos. Porém, o único que o criticava era eu. Para o bem dele mesmo. Não queria que entrasse, como ocorre muito, numa dessas espirais apoteóticas. Certa vez, quando ganhou um prêmio da revista *América Economia*, um dos muitos que recebeu por ter a melhor companhia de aviação do país, mandei-lhe um fax: "Rolim, meus parabéns. Só não esqueça de uma coisa. Os seus concorrentes são muito ruins." Claro que ele era muito bom. No entanto, com a Varig, que funcionava como uma velha estatal, como principal concorrente, ele tinha de manter os pés no chão. Caso contrário, iria se acomodar, como aconteceu com a líder do mercado. A vaidade é sempre o início da decadência.

Sempre dei muita importância à sinceridade. Muitas vezes se discrimina o devedor pelo motivo que o leva a dever. Se o motivo é legítimo para o cliente, deve ser também para o banco. Em 1966, se não me engano, no largo do Boticário, um *socialite* famoso do Rio, que portava um bigode à moda de Salvador Dalí, dava festas maravilhosas. Certa vez, ele me ligou. Pediu um pequeno empréstimo.

— Posso perguntar para quê? — eu disse.

— Já que você perguntou, é para dar uma festa.

— Já que é para dar uma festa, está emprestado o dinheiro.

A satisfação do cliente está em primeiro lugar, como dizia Rolim. E um banco não pode ter medo dos clientes que tem. Para mim, a tarefa do banqueiro é servi-los, assim como a companhia aérea transporta seu passageiro. Sabendo fazê-lo de maneira criteriosa, não há negócio ruim. Isso é o que o banqueiro deve fazer, e não faz hoje por preguiça de examinar os clientes, ou acreditar neles. Por isso, digo, claro que com aquele exagero da minha veemência, que não há mais banqueiros no Brasil como antes.

No passado, briguei muito com o pessoal do Bradesco, quando eles queriam que o banco prestasse serviço de graça. Eu e Lisca, Luiz Carlos Ferreira Levi, que tomava conta das agências do Itaú, e era um dos quatro vice-presidentes, éramos de outra tese. Achávamos que devíamos cobrar tarifas, de modo proporcional — mais de quem nos dava um trabalho maior. Assim, teríamos um correto perfil da receita. Por outro lado, com o dinheiro das tarifas, o banco não precisaria cobrar juros tão altos, o que aumentaria os empréstimos, com benefício para todos.

Essas regras como ditas aqui já não têm sentido estrito porque a quantidade de pessoas que hoje usam o banco não permitiria que essa atitude quase romântica fosse aplicada. A massificação gerou necessidade de automação. Ao que eu me refiro são coisas fora da grande massa. Aí é que está a minha crítica. Tem de haver a avaliação técnica, mas não tão-somente. Existem outros valores que não acredito que hoje são levados em conta.

Amador Aguiar queria fazer os serviços de graça por uma única razão: abria um leque de clientes maior. Pagávamos as contas dos clientes, luz, água, telefone, sem cobrar nada. Eu dizia ao Amador:

— Daqui a pouco vamos vender ovo e galinha aqui nas agências do banco, tudo de graça, sem cobrar pelos serviços.

Em compensação, o governo deixava o dinheiro do antigo INPS conosco, sem cobrar nada. Era desse jeito que os bancos eram remunerados, mas aquilo era uma bagunça, estava tudo errado.

Hoje, os bancos cobram pelo serviço, mas quase com ganância. Já têm com isso uma fonte de receita que no passado não existia. Isso, em si, já justificaria a redução dos juros — mas eles cobram taxas ainda maiores. É uma combinação perversa. O cliente fica com menos dinheiro e sem empréstimo, o que acaba indo contra os interesses e a natureza do banco. Não se pode tirar a inteligência do negócio.

Cobrando juros muito altos, os bancos perderam sua própria função, que é a de emprestar dinheiro a juros que o indivíduo possa pagar. Por isso, as empresas estão tomando o lugar dos bancos, outra distorção.

Como anarquista, e vivendo sempre na pendura, meu amigo Lan também é contra o Serasa, que considera uma invenção diabólica. Disse a ele que o BCN é que havia aperfeiçoado o serviço. Quando Pedro, meu irmão, foi presidente da Febraban, mandamos um pessoal de sistemas do nosso próprio banco melhorar o Serasa, então um serviço de proteção ao crédito muito incipiente. Quisemos melhorar o sistema de informação, que é basicamente a natureza do sistema. Ele não opina, nos dá a fotografia do cliente, Tchic! Lan reclama que o banco não vê mais o lado humano e diz que o Serasa é o sistema. "Enquanto um sujeito como eu acaba no Serasa, os grandes canalhas que devem milhões por aí não têm esse tipo de problema. Os pequenos, que não merecem, são tratados como ladrões, enquanto quem merece circula aí pela alta sociedade."

A idéia do Serasa era necessária, porque por mais que você queira ver as reais possibilidades de pagamento do cliente, com o número de correntistas que temos, é impossível ter um contato mais direto com todos. São milhões de pessoas com conta bancária no Brasil. O sistema de proteção ao crédito pode ser um massacre estúpido e anti-humano, mas sem ele não haveria o crédito.

Discordo do Lan nisso, mas talvez esteja aí a razão pela qual sejamos tão amigos. Fui banqueiro, mas não deixei de olhar para a parte social. Minha mãe inventou a cesta básica. Não é pieguice, nem nada. Graças ao Lan, aos bêbados e outros anarquistas, eu pelo menos conservei um pouco da minha humanidade. E eu digo que ela ajuda nos negócios muito mais que qualquer manual.

Sinto muito falta da honestidade de outros tempos, uma honestidade inteligente que havia nas pessoas deste país e do mundo. Isso está gerando um mundo burro, em que as pessoas são marginalizadas, se tornam agressivas, e vão conduzindo a sociedade para uma rotina do medo. Quando eu era pequeno, com seis anos de idade, o falecido Chico Conde me largava atrás do gol do Oberdan Catani no estádio Palestra Itália e ia embora. Depois o motorista voltava para me pegar. Veja só o que são hoje os estádios de futebol, o que é o Brasil. Aparece na TV a notícia de mocinhas brasileiras de 15 anos vendidas como escravas brancas em Portugal e na Espanha. E fica por isso mesmo. Ninguém faz nada.

Minha grande preocupação hoje é a mutilação do ego da pessoa desempregada. Trabalho não por necessidade, mas porque acho que tenho de trabalhar. E uma das coisas em que peço ajuda a Deus é para continuar dando emprego. Se todos não pensarem desse jeito, haverá uma massa de párias tamanha que o mundo inteiro vai se desmantelar. Já está acontecendo.

26   A caçada civilizada

No mundo inteiro, existem os coutos de caça. Pode-se matar faisão, pato, javali, sem prejuízo da natureza. E todo mundo sai lucrando.

No Brasil não existe isso porque o Ibama ainda não entendeu que a caçada é um esporte que pode contribuir com a natureza, em vez de depredá-la. É uma farsa acreditar que você protege a onça quando ela vive em um lugar na proximidade do gado, por exemplo. Na natureza existe a lei do mínimo esforço. Você acha que a onça vai caçar uma capivara, ou uma anta, uma cotia, com um animal doméstico disponível por perto? Correr atrás de uma presa selvagem dá um trabalho danado. Já o gado é carne macia, gostosinha e fácil. Quando a onça dá um esturro, o novilho congela de medo. Com uma patada, acabou a história. A onça mete o novilho na boca e o leva para o mato.

A gente precisa encarar a realidade. Os *man-eaters* — os tigres, na Índia — passaram a gostar de carne humana durante as pestes, quando morriam hindus aos montes. Quando acabavam de comer os cadáveres, eles iam atrás dos vivos. O homem também é um bicho fácil de comer, não sei se saboroso. Nunca estive na África — e estive lá um bocado de vezes — sem conhecer alguém que não contasse uma história de parente comido por um leão. Entre os assistentes que nos acompanhavam nas caçadas, todos tiveram alguém devorado na família. Falo mais de Angola, do Zimbábue, que era a Rodésia do Sul, e da Zâmbia, que era a Rodésia do Norte. Nas tribos africanas, eles costumam viajar à noite, porque é mais fresquinho — e o leão, ó.

Tenho na minha estante um livro chamado *The Man-Eaters of Tsavo*, inspirador de um filme muito realista, *A sombra e a escuridão*, com Michael Douglas e Val Kilmer, apesar de parecer filme de terror. Cacei do lado do parque do Tsavo em 1970. Linda errou o tiro em um leão que deu um trabalho tremendo. O inglês que dirigia não havia desligado o motor do jipe, no que fez bem. Ela, tremendo, errou. Tínhamos de levantar todo dia às três horas da manhã, trombando com outros leões e búfalos, para chegarmos ao lugar de onde podíamos ver a isca que havíamos colocado para atrair o leão em que Linda atirou e que estava totalmente são. Em compensação, havia um morrinho no qual eu me deitava, porque não tinha nada com a história, e ficava dormindo enquanto Linda terminava a caçada. Quando acordava, via o Kilimanjaro, a célebre montanha nevada, provavelmente no mesmo lugar onde Ernest Hemingway escreveu o livro, publicado postumamente, que veio a se chamar *Verdade ao amanhecer*.

A regra do mínimo esforço vale para a onça e para o fazendeiro. Ele não vai deixar nenhum bicho comer o seu gado. Portanto, vai matá-la. Alguém tem alguma idéia de quantas onças se matam todo ano no Brasil para proteger o gado? Como o Ibama pode resolver isso? Quando se faz a caçada esportiva, porém, primeiro se protege o ambiente. Para se ter bicho, mesmo para a caçada, é preciso preservar a natureza. Para que isso ocorra, é preciso acabar também com uma série de mistificações. O maior inimigo dos animais silvestres é o homem, que desmata para plantar comida ou fazer pasto. O sujeito que coloca fogo na mata está esperando produzir alimento. E tem de fazer isso, porque a população não deixa de crescer. O homem que não tem o que comer desmata para vender madeira, ou atira no bicho para fazer o seu jantar. Portanto, é fundamental ajudar o fazendeiro, porque é com o seu trabalho que se mata a fome — o verdadeiro inimigo da ecologia.

Desde 1945, os ingleses adotaram na África um sistema de preservação e respeito à natureza exemplar. Graças a isso, hoje você tem no continente africano provavelmente o mesmo número de animais que antigamente, muito devido às reservas de caça. Há também lá, porém, exemplos do que acontece com a pecuária sem apoio, essa sim uma desgraça para a natureza. Quando voltei à Tanganica em 1970, quando ela já se chamava Tanzânia, vi os desertos feitos por manadas de gado bovino e caprino que superpastavam. Com a chuva, a erosão laminar fez desaparecer a vegetação. Na medida em que os africanos aumentaram a fronteira agrícola, deixaram atrás um deserto.

Tivemos no Brasil o nosso problema. Os antigos posseiros, como as tribos da África, limpavam uma área e plantavam. No primeiro ano, com solo fértil e sem pragas, a colheita era boa. No segundo ano, já era bem pior. Daí em diante, os posseiros e os africanos limpavam outra área e abandonavam a maçaroca que ficava para trás. Isso, sem cuidados, ocasionava danos incalculáveis. Os animais em número maior do que a natureza suporta, principalmente o gado em pastagens artificiais, também destroem a natureza. O elefante é o que oferece o maior perigo. No Krueger Park, uma reserva natural da África do Sul onde a caça é proibida, os guardas sobem nos helicópteros, juntam os elefantes num só lugar e os dizimam a tiros, para que não acabem com todo o alimento. A natureza é equilíbrio, e muitas vezes são os animais que provocam sua perturbação.

Há muita condição de se criar no Brasil a caça controlada. Além de preservar a natureza, é preciso instituir regras para a caça, e fiscalizar. A primeira delas é determinar, conforme o momento, o que se pode e não pode caçar. Da última vez em que estive na Botswana, em 2001, por exemplo, era proibido matar leão porque o departamento de caça avaliou que os números ideais com relação à quantidade de animais existentes não eram satisfatórios. Pode-se caçar o restante, que já há uma enormidade de animais.

À medida que o tempo passa, as pessoas vão mudando, inclusive eu. Da primeira vez em que estive na África, eu, um garotão de 27 anos que vinha com uma "sede da peste", querendo faturar o máximo, aproveitar o máximo. Com a idade, vai se aprendendo que o bom necessariamente não é o muito, e sim o que a sua natureza que já aprendeu e já se adaptou lhe sugere. No meu caso, fazer tudo com muita calma e muito respeito.

Foi assim que o meu guia, um rapaz jovem, e eu já com 69 anos (2001), teve de se adaptar e entender a minha maneira.

Paramos para comer o nosso almoço que já vinha pronto dentro da Lunch Box. Tudo muito simples, mas muito saboroso. Acabou o almoço e peguei meu colchonete que sempre levo para poder tirar minhas sonecas mais confortavelmente, fui para o pé de uma árvore bem copada, estendi o colchonete, pus um monte de roupa que sempre se leva para as tardes que são frias e me acomodei para tirar minha habitual soneca, não sem antes dizer ao jovem que não entendeu o meu cochilo, em vez de continuar caçando, que eu e os animais tínhamos os mesmos hábitos: quando faz muito calor nós dormimos.

É preciso saber ainda onde se pode caçar. Na ilha de Marajó, no Pará, que é um parque natural, há milhares de búfalos vivendo livremente, foragidos das fazendas, que se transformaram em animais selvagens. O búfalo não pertence à fauna brasileira.

A RIQUEZA DA VIDA

Causa dano à natureza num ambiente onde é impróprio. Só na Codeara, há mil búfalos selvagens que hoje são apenas uma ameaça aos produtores de soja instalados na região. Dariam uma caça maravilhosa, assim como os que estão nas mesmas condições, comendo a produção da ilha de Marajó. O Ibama, porém, nem quer ouvir falar disso.

No Brasil, só no Rio Grande do Sul a caçada é legalizada e tem regras. Cada município tem cotas para se determinar o que se pode ou não caçar, e quanto. Lá há lebres e javalis, animais não-autóctones, cuja população é uma ameaça ecológica. Eu mesmo, na minha região, em São Gabriel, criei um pouco de javali, apenas para descobrir que é uma praga. Ao contrário do porco doméstico, ele cava buracos, não come onde você manda, foge, destrói tudo por onde passa. A criação de reservas onde se pode caçar estes e outros bichos da fauna brasileira, sob rigoroso controle, só faria bem à indústria do turismo e à própria preservação ambiental.

Por último, é preciso definir quando se pode caçar. Na África, em geral a caçada se dá na temporada da seca. As condições climáticas fazem parte da diversão. O elefante, por exemplo, procura no leito seco dos rios os lugares onde pode cavar, em busca de água. Por isso, o normal é que ele tenha sempre uma presa menor que a outra — é a sua preferida para fazer o buraco. Existem também os *water holes,* pequenos lagos que vão secando. Você sai bem cedinho, com luz suficiente para seguir pistas. Quando encontra uma pegada bonita, que no elefante deve ter pelo menos 12 polegadas, vai atrás. Às vezes, a gente acha um elefante solitário. Outras vezes, ele está com a manada.

Desde o início, o pisteiro sabe quando os animais são poucos. O seu tamanho. Até o seu comportamento. Os melhores pisteiros da África são os *bushmen,* ainda mais especializados, porque saem atrás de leopardo, que tem uma patinha mais leve, e vão correndo na frente do jipe. Enquanto correm, imitam o avestruz, uma espécie de brincadeira e de ritual.

Cacei com eles em 1990, na Botswana, no deserto do Kalahari, porque queria novamente encontrar um caçador chamado Derek Dunn, um narigudo maravilhoso, de uma geração de caçadores chamados de *old timers*, o que significa que como eles não há ninguém mais. Em toda a África, Botswana foi o lugar onde mais vi animais — lá, encontrei uma manada com mais de 1.200 búfalos. Aquele lugar, no delta do rio Okovango, que vem de Angola, é frio como o diabo, mas fantástico. Além de leões e leopardos, lá existe um antílope chamado Games Buck e vários tipos de Órix, um bicho lindo de morrer, com chifres pontiagudos e altos, como se fossem vértebras — animais gigantes, como aliás muitos bichos africanos. O Giant Eland, do sul do Sudão, é ainda maior. Há na África um porção, o Giant Forest Hog, o Water Hog, que enfrenta Deus e o mundo, e diversas variedades de elande, que parece um boi enorme, de oitocentos quilos.

Alguns *bushmen* têm cara asiática, são amarelados, mas os do Kalahari são pretos. Ficaram mais conhecidos por causa daquele filme, *Os deuses devem estar loucos*, em que um deles quer levar até o fim do mundo um objeto inexplicável, caído do céu: uma garrafa de Coca-Cola, na verdade atirada de um avião. Sendo nômades, vivem em vários países africanos, inclusive em Angola, onde, na língua quenguele, se chamam camusiquel.

Quando levei a Angola o cineasta Javurek, em 1964, nós paramos em uma aldeia chamada Dima, onde um português cedeu sua cama para nós dormirmos — eu e minha ilustre esposa. Lá pelas seis e meia da manhã, comecei a escutar um atabaque, bababá... Era um pequeno anfiteatro onde Javurek filmou e gravou o som do atabaque dos *bushmen*, que estavam tocando. No meio deles, havia uma mulher que começou a receber um espírito. Como no candomblé, abriram as vestes dela, tiraram de

A RIQUEZA DA VIDA

dentro uma criança, e ela estrebuchou no chão, feito um ataque epilético.

Por terem vivido sempre de caça, os *bushmen* dormem e comem em qualquer lugar. Passam a ter aldeia em certa época da vida, mas não têm muita parada e não se apertam de jeito nenhum. Bebem até água de um cipó, que guarda umidade. Quando cacei com eles no Kalahari, passei um susto danado. Encontramos um leopardo. Os *bushmen* saíram correndo atrás do bicho. Na capota do jipe, vai um sujeito com uma varinha olhando para os *buhsmen* e orientando o motorista para onde e quando ele tem de virar. Naquela língua deles, o motorista e o homem da varinha começaram a se desentender. O carro parou. Eles desceram e foram bater boca lá fora. Quando olhei, o leopardo estava do lado do carro, bem debaixo de onde eu estava. Nem abri a boca. Estava tão perto que errei o tiro. O leopardo, zuummm! Sumiu.

Demos meia-volta na direção de onde ele sumira, os *bushmen* na frente. Súbito, a fera parou de correr e se virou contra eles. "Pronto!", pensei. Nessa situação, eles não podiam fugir: se corressem, um deles o leopardo pegaria. Então começaram a pular, gritando, como macacos. Para sorte deles, o leopardo se assustou com a gritaria e foi embora.

Continuamos a caçá-lo. O leopardo entrou num trecho sujo de mata, desapareceu. Viramos o jipe, procurando-o. Quando vi, ele partiu como uma bala em direção ao nosso carro, como um bólido, justamente aonde eu estava. Eu já não tinha mais bala na carabina. Naquele jipe aberto, os africanos que estavam atrás se enfiaram debaixo de uma lona. O guia grego que caçava ao meu lado ficou branco. Minha sorte é que havia no jipe aquela proteção de canos para você segurar. O leopardo bateu nos canos e caiu para trás. Levantou e se enfiou de novo no mato. Carreguei a carabina, demos outra volta, houve tempo de olhar, carreguei a arma, atirei no bicho e o matei. Não era um leopardo grande, mas deu trabalho.

Pode parecer estranho, mas não gosto de matar. Para mim, a caçada vai até o tiro. E não se mata qualquer animal. Na Botswana mesmo, fui atrás de um leão que andava com sete leoas. Uma das caçadas mais elaboradas e emocionantes que já fiz terminou sem morte. Meu companheiro nessa caçada era David Ommaney, meu velho amigo desde 1959, muito calmo e mais ainda sabedor das coisas. Como na Botswana você pode caçar seguindo as pegadas do leão e do leopardo, graças ao solo de areia fina, fomos atrás de um leão cujas marcas tínhamos reconhecido. Com o jipe, o procuramos até achar. Em quase 100% das vezes, o leão foge — foi o que aconteceu. Fomos atrás. Você fica em cima do carro, que vai a toda velocidade, desviando das árvores, fazendo curvas, um verdadeiro balé, segurando a arma e se segurando como der.

Naquela correria, de repente o motorista deu uma brecada tão infernal quando se viu bloqueado pelas árvores, que quase nos expulsa por cima da capota. O que a gente viu: primeiro, uma barulheira de rosnados e grunhidos que a mim deixou paralisado. David, que mantinha uma calma irritante, me fez sossegar. Ali estavam sete leoas, todas mostrando a goela e suas dentaduras, bem diante de nós, em carro aberto. Saímos de mansinho, acabou bem.

David, então, bolou um plano. Havia uma pista de pouso perto do acampamento. O leão e as leoas andavam muito pelos arredores. Eu e um guia africano que nos acompanhava, cuja presença tinha passado a ser obrigatória nos países africanos depois da independência, nos colocaríamos na borda da pista. O próprio David entraria no mato, do outro lado, para fazer os leões atravessarem a pista. Aí eu teria a oportunidade de atirar. Coisa de craque.

A RIQUEZA DA VIDA

Ficamos esperando os leões saírem naquele ponto estratégico. Quando apareceu a primeira leoa, falei: não dá. Atirar num bicho a mais de 200 metros de distância é complicado. Primeiro, a leoa olhou, atravessou a pista e voltou. Atravessou a pista pela segunda vez, pela terceira, pela quarta. Depois apareceram outras quatro ou cinco leoas, para examinar o terreno aonde passaria Sua Excelência. Finalmente, quando elas acharam que não havia perigo, veio o macho. Atirei e errei, felizmente sem feridos. Se estivéssemos num lugar 100 metros adiante, teria sido outro resultado. Fomos atrás do leão novamente, mas não conseguimos apanhá-lo na mata fechada. Não morreu ninguém, mas eu achei o máximo. O que me interessava era a caçada. E a caçada foi sublime, porque estava com o primeiro time de caçadores. Isso é que era o importante, e não matar.

Foi assim em todas as mais de quarenta vezes em que estive na África. Já matei tudo o que você pode imaginar: urso de Kodiak, o urso-pardo (*brown bear*), crocodilo, alce, boi-almiscarado, bongo — uma espécie de antílope que só tem no Sudão e no monte Quênia, bicho muito raro. Por isso, posso falar: tenho horror de dar tiro. Meu negócio é outro, é ver a pegada, o desafio, fazer o que faz o *bushman*, o melhor caçador do mundo. Uma regra se impõe para quem vai caçar na África. Fique esperto porque a qualquer momento você pode ter uma surpresa e nem fique muito longe do pisteiro que carrega a sua arma. Foi assim que voltamos para o jipe, após uma tentativa frustrada de encontrar um elefante provavelmente solitário, dos que já não agüentam a barulheira das fêmeas e dos filhotes e também porque não conseguem mais ganhar a disputa com os mais jovens para procriar, fomos surpreendidos por um barulho igual ao de um elefante quebrando uma árvore. Foi o tempo de pegar a arma do africano. O animal vinha desembestado, atiramos e ele veio cair a 10 metros de distância. Era um elefante pequeno, quer dizer — em vez de umas sete toneladas tinha umas quatro. O companheiro dele mais velho, devia ter sido um bom troféu, alguém o matou e ele, bravo, nos atacou porque estávamos a 200 metros de distância, mesmo sem ter-lhe feito nada. O elefante adulto, normalmente é acompanhado pelos mais jovens que vão aprender. No caso do elefante grande, os elefantes também eram adultos. Acaba ficando o trauma de ter perdido o companheiro.

A caçada clássica, com princípios, com respeito ao animal, é o que devia ser divulgada no Brasil. Aqueles que gostam de caçar começaram aqui uma filial do Safari Club, entidade sediada nos Estados Unidos. É um clube que trata dos interesses dos caçadores no Brasil, mas leva gente para o Uruguai, a Argentina, tem contatos na África. Aqui dentro defendem a idéia da instalação no país da caça esportiva. A gente se inscreve e paga uma mensalidade. Como não há profissionalismo, porém, esse projeto não vai adiante.

A caçada no Brasil precisa de pouco para se tornar realidade. E seria lucrativa para os donos de terra. Querem punir o sujeito que desmata, em vez de incentivar quem protege a floresta. Se usassem a mata para caça esportiva, os donos de terras com mata não mexeriam num único pé de grama. Veja só o que faz a ignorância. Proíbem-se as coisas no Brasil por falta de conhecimento. No Uruguai se ganha dinheiro com caça, na Argentina também. Aqui também podia ser estabelecida uma caça esportiva, onde o caçador pagaria ao Ibama uma quantia, outra ao fazendeiro. É simples assim. Basta eliminar o preconceito. E fazer o óbvio.

27   O Instituto Brasil Verdade

Hoje estamos assistindo a um terrível fenômeno. Não precisamos mais vender ou entregar a Amazônia, porque ela já está tomada pelas ONGs estrangeiras. Ao mesmo tempo, sofremos a orquestração de um socialismo caduco, em que a iniciativa privada terá cada vez menos espaço. A impunidade desse pessoal que faz a invasão de terras, do Movimento dos Trabalhadores Rurais Sem Terra aos seus congêneres, é admitir a ilegalidade, instaurar o clima de instabilidade. Não é possível que falte dinheiro para escola no Brasil, mas haja recursos para dar a invasores do MST. O governo é muito leniente. E o crime é organizado porque o resto é desorganizado.

A mesma inversão de valores se dá nos mecanismos que deviam incentivar o crescimento do país, mas na prática funcionam como mais um instrumento do atraso. Quem é que quer pagar imposto? Fizeram uma maçaroca fiscal de tal jeito que afugentaram os que podem escapar, e as vítimas, que não têm para onde correr, têm de pagar pelos que não pagam. Não foi à toa que o famoso jurista Miguel Reale escreveu um artigo no *Estado de S. Paulo* com o sugestivo título "Estado de Direito Fajuto". Outra encrenca é o sistema bancário. Não se empresta mais dinheiro ao público no Brasil, o que evidentemente tolhe investimentos e o crescimento econômico. Os bancos não têm motivos para conceder empréstimos porque o governo, o grande cliente, já lhes paga juros absurdos e garantidos. Por isso, no Brasil se toma emprestado o equivalente a 24% do PIB, enquanto essa taxa nos Estados Unidos, onde o PIB é muitíssimo maior, de mais de 10 trilhões, é de 110% e na Itália de 129%. Não há desenvolvimento dessa maneira.

Mesmo sendo difícil, é possível anular as dificuldades existentes, que tornam mais difícil emprestar dinheiro. Há no Brasil diversos empecilhos para o empréstimo. Levam-se até oito meses para retomar um carro, por exemplo, de um mau devedor. O mesmo acontece com execução de hipotecas, leis de falência, compulsórios e já não sei quantas coisas mais. Na realidade, com todas essas mazelas, quem sofre é o tomador do dinheiro, que não consegue empréstimo a juros civilizados. É problema que todo mundo conhece. Porém, fala-se e fala-se e não se resolve nada.

Podemos passar uma noite inteira arrolando coisas absurdas que acontecem no Brasil, e não há ninguém com quem se possa reclamar. Até com o Ministério Público, ou com seus poderes, o governo andou querendo acabar. Eu sou vítima do Ministério Público, que fiscaliza minhas obras e já me atrapalhou muito, mas defendo a necessidade dessa instituição. No dia em que se tirar a independência e a forma do Ministério Público agir, estamos acabados. Não podemos deixar que este país se transforme de novo num totalitarismo, de direita ou esquerda. Estamos no olho de um tufão e pensando que isso aqui é história da carochinha.

No campo, estamos sendo esbulhados e ninguém abre a boca. Não é possível que o governo permita que um bando de facínoras invadam uma fazenda, quebrem, roubem tudo. Mesmo que você tome a fazenda de volta, ela está depenada. E ninguém vai para a cadeia. Os jornais, a mídia toda, inclusive a televisão, continuam chamando esses sem-terra de "movimento", estranha definição para quem é permitido invadir, dilapidar e roubar, enquanto o proprietário que quer defender a sua propriedade dentro das normas da constituição é considerado e tratado como um infrator.

É preciso reagir. Não podemos ficar na situação do sujeito que diz: "Ah, não faço nada porque o bandido na minha casa ainda não entrou." Quem disse que um dia não vai entrar? Necessitamos de uma tribuna do povo e para o povo, onde se possa cobrar o fim dessas barbaridades.

É preciso ainda valorizar aqueles órgãos do governo em condições de apoiar seriamente o pequeno agricultor. Só isso viabilizará o minifúndio. A Embrapa é muito importante nisso. O surto da exportação de grãos está acontecendo a partir dos que muito trabalharam e pesquisaram como fizeram o pessoal da iniciativa privada de Rondonópolis; essa gente mais a Embrapa é que promoveram essa maravilha. E veja como estão as coisas: será que existe órgão mais desprestigiado que a Embrapa?

Essa é a diferença entre o Brasil e os Estados Unidos. Aqui deu miséria. Lá surgiram fortunas. É uma análise tosca, mas foi da agricultura que saiu o dinheiro para financiar tudo.

Tivesse ocorrido o contrário, o planeta hoje seria muito diferente. A terra no Brasil é mais ácida que nos Estados Unidos, mas é bem melhor. Uma vaca só vive no Arizona se você lhe der 110 hectares para pastar. E nós temos o Mato Grosso, essa beleza que está aí. A diferença entre o Brasil e os Estados Unidos é que só estamos descobrindo o Mato Grosso agora, com quinhentos anos de atraso. E, mesmo na hora em que o descobrimos, deixamos a bagunça prevalecer. Mesmo assim, o setor rural cresceu muito. Os recordes de produção da soja e a pujança do interior mostram que o Brasil é capaz de ir adiante, contra tudo e contra todos, principalmente o governo.

Claro que essa situação pode e tem de melhorar. Precisamos fazer nosso papel, não podemos abandonar nossos ideais. O próprio presidente da França, Jacques Chirac, e o primeiro-ministro da Inglaterra, Tony Blair, disseram ao ex-presidente Fernando Henrique Cardoso que o Brasil pode e deve pensar em alta tecnologia, mas que este país é comida. Produzir e exportar alimento.

A primeira coisa que se devia fazer é contratar um escritório de advocacia para recuperar os prejuízos provocados aos fazendeiros pelo MST e resgatar as terras tomadas pelos invasores. Acabar com o esbulho. Ah, quando eu penso nisso, acho que devia ter nascido espanhol, porque meu sangue ferve! Ninguém saiu em defesa desses coitados, que tiveram a propriedade saqueada. É preciso lhes oferecer o amparo jurídico para que se reparem as asneiras e sacanagens que sofreram. Ao mesmo tempo, é preciso distribuir aos poucos, Brasil afora, os benefícios de um plano sensato para o desenvolvimento e a justiça social. Nisso está minha contribuição, configurada no Sítio Padrão. É um modelo viável, que está à disposição, assim que se quiser implantar algo capaz de funcionar.

A segunda coisa a ser feita é o que há muito tempo a gente fala e ninguém faz: mover uma ação pública contra o governo, pedir uma auditoria do dinheiro que foi gasto com o MST e uma avaliação do que foi feito de reforma agrária neste país, desde o dia em que ela começou. Enquanto isso, cessa tudo o que a antiga musa canta: fecham-se os cofres e acaba essa tragédia na qual a população morre de fome e muita gente ganha cesta básica sem precisar. É necessário obrigar o MST a ser uma instituição jurídica, para que possa responder pelo que faz. Todos os filiados têm de ser identificados, incluindo seus dirigentes, com

A RIQUEZA DA VIDA

cargo e função. Para forçá-los a fazer isto, a opinião pública tem de ficar em cima.

A resistência contra esse estado de coisas em que vivemos deve ser levada adiante com uma disciplina enorme, é uma operação de guerra, mas que tem de ser feita como uma bandeira. Qual é a cidade do Brasil que não vai querer ser um ponto para arregimentar gente contra tudo isso que está aí? No entanto, num país como este, onde deve haver um milhão de proprietários agrícolas, entre os grandes e os pequenos, sabe quantos filiados a Rural tinha quando o João Sampaio assumiu a entidade? Sete mil, dos quais só quatrocentos pagavam, algo como 100 reais por mês. Mesmo assim, eu lhe disse, na ocasião: "João, aceite. No dia em que você sentar nessa cadeira, olhará para o infinito."

Existem neste país todos os ingredientes para fazer o bolo, o que falta é competência para fazer, gente, e reunir a gente. O Brasil é um país antiajuntamentos com a finalidade de atingir o bem comum. Não há espírito de cooperação, ação comunitária neste país. Hoje só se vê um sujeito ou outro que dedica parte de sua vida para ajudar as crianças, os velhos, os hospitais. As sociedades de bairro, que já tiveram alguma importância, voltaram a aparecer, mas são mais para impedir do que fazer. Impediram, por exemplo, que o Colégio Rio Branco montasse uma escola na Febem, aqui vizinha da minha casa, no Pacaembu. Na maior parte das vezes defendem pequenos interesses, são mais do contra do que a favor de alguma coisa.

Do ponto de vista político e prático, pode ter uma importância fundamental para um ajuntamento de fazendeiros, não importa o que produzam. Os rumos desse país podem mudar, se estabelecermos uma força política apartidária, capaz de se organizar contra o outro lado, que está organizadíssimo.

Não podemos ter vergonha dos problemas sociais no Brasil. Vamos enfrentá-los. É preciso tomar partido. Se não for com a Sociedade Rural Brasileira, que seja com uma entidade de coragem e âmbito nacional, capaz de reunir as pessoas, mas não apenas para ser contra, e sim a favor. Avaliemos a Itália. Existe um livrinho, chamado *A parceria que deu certo*, onde se conta o caso italiano. No meio da Itália não existe desemprego. As empresas se juntaram e fizeram essa parceria. As fábricas de móveis, por exemplo, se juntam. Cada uma faz o que sabe fazer. Uma faz as pernas do móvel, outra o estofamento, é uma coisa maravilhosa. Parceria é a palavra-chave do universo. Quando se julga o Brasil, uso uma frase do Julinho Parente: cabrito apertado come pimenta.

Essa entidade, capaz de reunir forças apolíticas, mas com força política, para ajudar a Sociedade Rural Brasileira a combater o esbulho e levar adiante um plano coletivo para o país, pode muito bem ser o Instituto Brasil Verdade. Para montá-lo, é preciso somente um advogado tributarista. É uma entidade que se abrirá para parcerias e doações. A possibilidade de levar esse projeto adiante me deixa animado. Não quero brigar com ninguém, mas não posso ver essa massa amorfa em que vivemos, sem uma liderança. No fundo, eu sou um dom Quixote. Só não sou dom porque não tenho características de dom nem este país nos dá qualificação para sermos "doms". Temos de fazer o Instituto Brasil Verdade mudar o Brasil. Pode parecer mais uma quixotada, mas não é.

Vocês deverão estar se perguntando: Que diabo de Instituto Brasil Verdade é esse? Bom, muito simples. Por que todos esses males descritos acima não têm tido solução?

Por uma razão muito simples: os principais INJURIADOS, PREJUDICADOS, não têm acesso às informações mínimas porque não têm dinheiro pra comprar jornais, revistas, livros etc...

A única fonte de informação de 96% da população, já que 85% ganham até cinco salários mínimos e de 86 a 96,3% ganham de cinco a dez salários mínimos (dados de 2002 do IBGE), é o *Jornal Nacional* (opinião também da Dora Kramer, colunista). Essa gente é a que mais, mas muito mais, sofre, em comparação com os restantes 3% da população.

Formou-se então, em abril de 2006, uma OSCIP (Organização da Sociedade Civil de Interesse Público) chamada Instituto Brasil Verdade, que nada mais é que uma ONG com mais possibilidades de ação, cujo objetivo é promover a educação e democratizar a informação dos direitos e deveres, através de ações criteriosas e ao mesmo tempo cautelosas, a esses 96% da população brasileira.

Esses indivíduos reunidos em grupos podem fazer o que o Brasil até hoje nunca fez: cobrar dos que estão à frente do Executivo, Legislativo, Judiciário, Polícia etc. uma definição para certos casos que apenas são mencionados no noticiário e depois caem no esquecimento. Sendo o povo que somos, todos nós precisamos de uma tribuna organizada para *cobrar* os nossos direitos. Se os menos favorecidos forem atendidos, fatalmente, com o tempo, os mais favorecidos também o serão em relação à justiça geral.

O site é uma pequena contribuição para atingirmos estes objetivos, e pode se acessado no seguinte endereço: www.institutobrasilverdade.com.br

28 A *dolce vita* (2)

Minha terceira mãe, Maria, de Trás-os-Montes, quando eu ficava aflito, dizia: "Menino, do chão tu não passas."

No fundo, ela queria dizer: pare de se amargurar com as preocupações.

Na Itália, em Marateia, me hospedei certa vez num hotel onde a banheira do quarto era cavada na rocha. Lá na Itália há respeito pelo passado, em tudo o que se faz há a veneração da terra, das tradições; tudo tem sentimento. O italiano é um povo que gosta de comer, de beber, de amor, diferente do resto do mundo. Na Itália se diz: "*a tavola non si invecchia*" — à mesa não se fica velho (em compensação, você engorda). À uma hora da tarde, depois do almoço, todo mundo lá está dormindo. Não há essa correria desenfreada da vida contemporânea. É a verdadeira civilização.

Por isso também é difícil organizar aquilo lá. Ficou célebre a frase de Charles de Gaulle, o grande estadista francês, quando disse que era difícil administrar um país com centenas de tipos de queijo. Perguntaram também a Benedito Mussolini se governar a Itália era difícil. E ele disse: "Não é difícil, é inútil." Você jamais vai tirar a individualidade do italiano. Lá, até a língua

• 257 •

ajuda a preservar a característica ímpar de cada cidade. Tenho um livro de dialeto da terra do meu pai. Para se ter uma idéia, meu tio se chamava Humberto. Em italiano, se falaria "zio Umberto". Em casa, nós o chamávamos de Zitobé. Nem os nomes próprios se parecem.

A Itália também tem uma ligação umbilical com a arte, uma forma de desfrutar da vida. Sou intuitivo e já andei por tudo que é museu do mundo. Nos museus, se educa a íris. O mais importante é a cor. E a Itália tem cor, tem arte na rua. Você pode passar anos lá, mas em cada canto do país ainda poderá descobrir um novo paraíso. Eu, que conheci Linda em Roma, posso falar muito bem. Na cidade, as paredes se comunicam com você. Mas é preciso exercitar a sensibilidade. Eu me entusiasmo com tudo o que é bonito e procuro sempre a beleza das coisas.

Com um pé na Itália, outro no Brasil, e casado com Linda, que sendo dinamarquesa me acrescentou a cultura escandinava, ganhei uma grande riqueza de vida. Ao mesmo tempo, reuni leveza e seriedade. Nunca peguei um avião depois das oito horas da manhã, porque não podia chegar tarde a lugar algum. Não para atender alguém, mas por mim mesmo, que era o dono dos negócios. Mesmo sendo o filho mais novo do Chico Conde, a dez anos de distância do irmão mais próximo, nunca me revoltei, como acontece com a molecada, por ter uma disciplina rígida. Nunca vi nada dar certo sem disciplina e sem capricho. Acredito nessa maneira de fazer as coisas. Jamais corri da obrigação, mas nunca me neguei a felicidade. Digo que isso é possível, porque eu fiz. Ainda faço, e continuarei fazendo.

Toda vez que vou para o campo, fecho os olhos — pena que não sei desenhar — e tudo vem de volta, a África inteira, o Mato Grosso, os lugares onde passei a vida inteira, os fatos, as pessoas, a minha vida. Por um lado, ser tão distante em idade dos meus irmãos e tão controlado na infância, sempre convivendo com adultos, foi ruim. Deixei de fazer muita coisa que poderia ter feito. Por outro, me ajudou a viver introspectivamente. E a introspecção me ajudou a fazer a auto-análise. Posso ter alguns acessos de fúria, porém não duram mais que dois minutos. E a gente só consegue esse controle quando está isolado. Principalmente na vida comunitária, com atividades aqui e ali, não sobra tempo para você se encontrar.

Por isso hoje eu me apaixono pelo mundo oriental. Embora os japoneses se comportem mal no convívio, são impecáveis na busca desse equilíbrio e no respeito que têm para com tudo. O árabe é assim também. Quando estive na Arábia Saudita, descobri, por exemplo, que lá é falta de educação mostrar a sola de sapato para outra pessoa. Achei isso fantástico. Você viu americano viajar de avião? Adora botar o pezão no encosto da poltrona da frente.

No mundo dos negócios, nunca reclamei de dificuldades técnicas, mas das sacanagens políticas e burocráticas. Administrar é um problema. Hoje, no meu escritório, tenho apenas vinte funcionários. Já dá um trabalho terrível fazer esse pessoal falar a mesma língua, o que dizer das grandes corporações. Ofereço a eles aulas de tai chi chuan às terças-feira, de graça. Ninguém vai, exceto a copeira, a faxineira, Wellington, Severino (o faz-tudo) e eu. O resto, que deveria ter juízo, aprender alguma coisa, fazer algo pela saúde, não quer nem saber.

Outro dia, aprendi com Wong, nosso professor, meu amigo há 42 anos, a origem do tai chi. Na China antiga, não havia remédio. Para descobrir a solução para as doenças, os médicos iam de vila em vila saber o que as pessoas tomavam e quais exercícios faziam. Só depois o tai chi virou arte marcial. Esse reencontro com as origens, com antigos valores, não é uma volta ao passado. É o que está faltando para que se possa construir o futuro.

• 259 •

Temos de reconstituir o mundo com base em alguma crença, com o valor de instituição. Se este planeta ficar do jeito que está, virará um mingau. Os Estados Unidos não podem destruir dois países só para continuar à mercê do Osama Bin Laden e do terrorismo, como aconteceu. Não é assim que se fazem as coisas. Em matéria de imperialismo, eles não sabem nada, Gêngis Khan está dando risada na tumba. Bush destruiu apenas um monte de pedras e a um alto preço, porque continua, diariamente, a matar gente sem finalidade. Onde está a referência jurídica, o respeito, a política ética? É preciso respeito, sobretudo no que se refere à vida humana, hoje desprezada como a dos cachorros vadios, talvez ainda mais, até.

Na Itália está um exemplo a ser seguido. Perto do que eu devia, conheço pouco o país. Quando fui cortar o cabelo em Florença, fiquei horas batendo papo com o barbeiro, falando do Maradona e dos tempos em que ele jogava no Napoli. Me diverti muito mais do que com qualquer bacharel desses que existem aos montes no Brasil, esbanjando sabedoria. Na Itália inteira, viajo de táxi. Em Palermo, num hotel bacana, procurei um motorista. Disse:

— Quero viajar pela Sicília como turista, sem a preocupação de dirigir.

— *Lascia com me* — disse ele.

Sentamos no carro, perguntei-lhe da máfia siciliana, o que achava.

— *Aspetta* — pediu ele.

Olhou para os lados, desligou tudo o que era telefone. E começamos o papo. Passamos juntos uma semana. Foi uma delícia.

Fomos a um restaurante em Taormina, o motorista guiando, convidei-o para sentar comigo.

— Vamos beber um pouco?

Ele contava uma história atrás da outra, era uma sinfonia.

A RIQUEZA DA VIDA

Meu sonho é sentar num boteco daqueles com um desses camaradas e passar a vida ali. As pessoas se desacostumaram a conversar, essa é a tragédia de hoje. Falta ao mundo hoje essa leveza. Não há mais tranqüilidade. As pessoas vivem preocupadas, não têm tempo para nada. Cada um pensa somente em si mesmo. O sujeito que tem dinheiro está com medo de perdê-lo. O que não tem precisa trabalhar para poder se sustentar. Antigamente, as coisas eram menos. Os escritores eram menos, os filmes menos, os fatos menos, os lugares menos, as pessoas menos. Aconteceu uma explosão da população, as pessoas se dispersaram, as coisas perderam a essência. Hoje dificilmente você vai encontrar afinidades intelectuais, a não ser algo forçado.

Deixou também de existir aquele sujeito completamente irresponsável, exceto os que têm as costas quentes. Muita gente se espanta, por exemplo, quando digo que perder dinheiro em cassino é muito natural. Aprendi com o senhor William Somerset Maugham, grande romancista, autor de *No fio da navalha*, que jogo não é para ganhar dinheiro, é diversão. Quem vai a cassino para ganhar é um idiota. Eu já ganhei horrores em cassino porque o cassino era incompetente. Mas nunca entrei num com essa intenção.

Falta hoje uma certa irresponsabilidade; na minha época, existia o irresponsável mesmo. Você acha que Julinho Parente estava preocupado com alguma coisa? Estava sempre duro, mas às vezes dava dinheiro, sem ter nenhum, a indivíduos irresponsáveis como ele próprio. Mesmo sem condições para manter a si mesmo, pensava nos outros. Também, por isso, era um sujeito extremamente querido.

Falo não com saudade, mas desapontamento. Vou sair de casa para ir aonde? Meus amigos vão morrendo e acabo sem testemunhas. Temos de fazer uma proclamação de como se deve levar a vida para a molecada de hoje — não esses "Pit Bull" que andam por aí, mas os "Pit Love".

Recentemente, vi um filme com uma passagem interessantíssima e que funciona como uma parábola do mundo de hoje. A Itália é um país tão esquisito que no passado a nota máxima nas escolas, em vez de dez, era trinta. Um dos personagens, um professor já de uma certa idade, gosta demais de um guri que está prestando exame para ingressar na faculdade de medicina.

Então, ele diz:

— Você tirou 27, mas vou dar a você trinta, pela sua simpatia. Um médico tem de ser simpático.

O professor então faz uma apologia da simpatia, esculhamba a antipatia. E continua:

— Gostei muito de você, por isso você tem de ir embora da Itália. Este país está sendo governado por dinossauros, que estão devorando tudo. Aqui nada muda, é tudo igual. E esse igual vai ser pior, porque vão comer essa igualdade.

O garoto então se vira para ele e diz:

— Mas então por que o senhor está aqui?

E ele responde:

— Porque eu sou um dos dinossauros.

É isso mesmo o que está acontecendo no mundo. Sem mudança, se aprofundará a autofagia que já estamos promovendo, não há a menor dúvida. Ainda sou jovem, e espero que os jovens, com a natureza da rebeldia que sempre nos caracteriza, façam o que têm de fazer: mudar o mundo com um pouco de alegria, pelo nosso bem.

Este livro foi composto na tipologia
Arrus BT, em corpo 11/16, e impresso em
papel off-set 90g/m², no Sistema Cameron
da Divisão Gráfica da Distribuidora Record.

Seja um Leitor Preferencial Record
e receba informações sobre nossos lançamentos.
Escreva para
RP Record
Caixa Postal 23.052
Rio de Janeiro, RJ – CEP 20922-970
dando seu nome e endereço
e tenha acesso a nossas ofertas especiais.

Válido somente no Brasil.

Ou visite a nossa *home page*:
http://www.record.com.br